新能源汽车"1+X"职业技能等级认证配套教材

新能源汽车
电子电气、空调技术

组　编　中车云商（北京）信息技术有限公司
　　　　广东凌泰教育资源股份有限公司
主　编　敖克勇　周其江
副主编　王　健　李建平　黄子良
　　　　李维兴　吴志东

机械工业出版社

本书共10个项目，先介绍新能源汽车电子电气元器件的结构原理、检测以及用电安全，再介绍起动充电系统组成原理与维修保养、照明系统组成原理与维修保养、仪表及室内灯光系统组成原理与维修保养、刮水器洗涤系统组成原理与维修保养、空调系统组成原理与维修保养、电动车窗及天窗组成原理与维修保养、电动座椅组成原理与维修保养、电动后视镜及喇叭系统组成原理与维修保养、中控门锁系统组成原理与维修保养等内容。用微信扫描刮刮卡，免费兑换视频课程，可在天工讲堂小程序进行学习。

本书适合作为新能源汽车"1+X"职业技能鉴定指导教材，同时也可作为职业院校新能源汽车专业教材。

图书在版编目（CIP）数据

新能源汽车电子电气、空调技术 / 中车云商（北京）信息技术有限公司，广东凌泰教育资源股份有限公司组编；敖克勇，周其江主编 . —北京：机械工业出版社，2023.1（2025.3 重印）
新能源汽车"1+X"职业技能等级认证配套教材
ISBN 978-7-111-71895-6

Ⅰ. ①新… Ⅱ. ①中… ②广… ③敖… ④周… Ⅲ. ①新能源 – 汽车 – 电子技术 – 高等学校 – 教材 ②新能源 – 汽车 – 电气系统 – 高等学校 – 教材 ③新能源 – 汽车 – 空气调节设备 – 高等学校 – 教材 Ⅳ. ① U469.7

中国版本图书馆 CIP 数据核字（2022）第 201100 号

机械工业出版社（北京市百万庄大街22号　邮政编码100037）
策划编辑：谢　元　　　　　责任编辑：谢　元
责任校对：张亚楠　王　延　　封面设计：马精明
责任印制：邓　敏
中煤（北京）印务有限公司印刷
2025 年 3 月第 1 版第 4 次印刷
184mm×260mm・15.25 印张・373 千字
标准书号：ISBN 978-7-111-71895-6
定价：49.90 元

电话服务　　　　　　　　　网络服务
客服电话：010-88361066　　机　工　官　网：www.cmpbook.com
　　　　　010-88379833　　机　工　官　博：weibo.com/cmp1952
　　　　　010-68326294　　金　书　网：www.golden-book.com
封底无防伪标均为盗版　　　机工教育服务网：www.cmpedu.com

机械工业出版社汽车维修领域专家咨询委员会

主　任：吴东风　中国汽车维修行业协会高级顾问

委　员（按姓氏笔画排序）：

    王凯明　中国汽车维修行业协会技术和标准化委员会副主任委员

    朱　军　中国汽车工程学会荣誉会士

    许建忠　北京汇智慧众汽车技术研究院院长

    严　波　中国汽车维修行业协会监事长

    吴友生　中车云商（北京）信息技术有限公司总经理

    陈黎明　广东机电职业技术学院汽车学院院长

    罗少泽　广东省道路运输协会机动车维修检测分会会长

    胡建军　北京天元陆兵汽车科技有限公司总工程师

    陶　巍　上海华侨汽车修理服务有限公司总经理

    栾琪文　烟台职业学院首席技师工作室负责人、教授

    魏俊强　北京祥龙博瑞汽车服务（集团）有限公司总工程师

编审委员会

主　　任　高子开（比亚迪汽车售后服务事业部总经理）
副主任　　杨述晟　高　婵　王　健　张　可
编　委　　马庆来　李雪涛　张建潭　白铁成
　　　　　覃春海　王庆丰　褚小欣　杨柳春

前　言

2019年国务院印发的《国家职业教育改革实施方案》提出在职业院校、应用型本科高校启动"学历证书+职业技能等级证书"（即1+X证书）制度试点，鼓励学生在获得学历证书的同时，积极取得多类职业技能等级证书。

为了提高参加职业技能鉴定考试学生的理论和技能水平，帮助职业技能鉴定考评人员更好地熟悉和把握职业技能鉴定的政策和发展趋势，我们根据职业技能登记证书技能鉴定标准编写了《新能源汽车电子电气、空调技术》。

本书涵盖《智能新能源汽车职业技能等级证书》中新能源汽车电子电气空调技术相关的鉴定与考核标准，将初级、中级、高级鉴定融合到本书中，并加以区分（★表示初级鉴定内容；★★表示中级鉴定内容；★★★表示高级鉴定内容）。针对目前各汽车院校实训与鉴定车型不统一的现状，本书不指定车型并尽可能地兼顾比亚迪、北汽、吉利等多款车型。

本书共10个项目，先介绍新能源汽车电子电气元器件的结构原理、检测以及用电安全，再介绍起动充电系统组成原理与维修保养、照明系统组成原理与维修保养、仪表及室内灯光系统组成原理与维修保养、刮水器洗涤系统组成原理与维修保养、空调系统组成原理与维修保养、电动车窗及天窗组成原理与维修保养、电动座椅组成原理与维修保养、电动后视镜及喇叭系统组成原理与维修保养、中控门锁系统组成原理与维修保养等内容。

本书适合作为新能源汽车"1+X"职业技能鉴定指导教材，同时也适合作为各职业院校新能源汽车专业的日常教学教材。

本书由中车云商（北京）信息技术有限公司、广东凌泰教育资源股份有限公司联合组织编写，主编由敖克勇、周其江担任，副主编由王健、李建平、黄子良、李维兴、吴志东担任，参加编写的还有蔡晓兵、于海东、蔡志海、陈海波、韦梅英、潘庆洁、邓冬梅、康静。

由于编者水平有限，书中难免有疏漏之处，希望读者予以谅解并指正，以便再版时修正补充。

编　者

目　录

前　言

项目1　电子电气基础　/1

1.1 电气基础　/2
    1.1.1　原子理论　/2
    1.1.2　电子运动　/2
    1.1.3　导体、绝缘体、半导体　/2
    1.1.4　电的效应　/3
1.2 电的三要素　/3
    1.2.1　电压　/3
    1.2.2　电流　/4
    1.2.3　电阻　/4
1.3 欧姆定律　/7
1.4 功率定律　/8
1.5 串/并/混联电路　/8
    1.5.1　串联电路　/8
    1.5.2　并联电路　/9
    1.5.3　混联电路　/9
1.6 电路图的基本组成及电路状态　/10
    1.6.1　电路图的基本组成　/10
    1.6.2　电路状态　/11
1.7 电路保护装置　/11
    1.7.1　熔丝　/11
    1.7.2　熔断器　/12
    1.7.3　断路器　/13
1.8 继电器　/14
1.9 导线、插接器、线束　/17
    1.9.1　导线　/19

  1.9.2　插接器　/22
  1.9.3　线束　/23
1.10　半导体元件　/23
  1.10.1　二极管　/24
  1.10.2　晶体管　/26
1.11　线圈　/28
  1.11.1　线圈的电磁效应　/28
  1.11.2　线圈的电感效应　/28
  1.11.3　线圈的检查　/29
1.12　电容器　/29
  1.12.1　电容器的特性　/30
  1.12.2　电容器的种类　/30
  1.12.3　电容器在汽车上的应用　/31
  1.12.4　电容器的检查　/32
1.13　开关　/33
  1.13.1　瞬时接触开关　/33
  1.13.2　扳动式开关　/33
  1.13.3　控制型开关　/34
1.14　绝缘栅双极性晶体管（IGBT）　/34
  1.14.1　IGBT 结构　/34
  1.14.2　IGBT 工作原理　/34
  1.14.3　IGBT 的应用　/35
1.15　用电安全　/36
  1.15.1　电流对人体的伤害　/36
  1.15.2　触电形式　/36
  1.15.3　保护搭铁和保护接零　/37
  1.15.4　安全用电常识　/38

项目 2　起动充电系统　/39

2.1　起动充电系统组成原理　/40
  2.1.1　低压蓄电池　/40
  2.1.2　DC/DC 变换器　/41
2.2　起动充电系统检查保养★　/42
  2.2.1　低压蓄电池检查保养　/42
  2.2.2　DC/DC 变换器检查保养　/45
2.3　DC/DC 变换器检测维修★★　/46

项目3 照明系统 /49

3.1 照明系统总体构成 /50
　　3.1.1 前照灯组成与原理 /51
　　3.1.2 LED照明系统 /53
3.2 前照灯、尾灯系统检查保养★ /54
　　3.2.1 车灯气密性、清洁度检查与保养 /54
　　3.2.2 灯光检查与操作 /55
　　3.2.3 前照灯光束检测标准及调整方法 /56
　　3.2.4 前照灯灯泡更换 /59
　　3.2.5 尾灯灯泡更换 /60
3.3 前照灯、尾灯检测维修★★ /61
　　3.3.1 前照灯总成（前组合灯）拆装 /61
　　3.3.2 前照灯工作电路检测 /61
　　3.3.3 尾灯总成（后组合灯）拆装 /64
　　3.3.4 尾灯工作电路检测 /66
　　3.3.5 灯光组合开关拆装及电路检测 /67
3.4 前照灯、尾灯照明系统故障诊断分析★★★ /68
　　3.4.1 近光灯不工作故障诊断 /69
　　3.4.2 远光灯不工作故障诊断 /72
　　3.4.3 转向灯不工作故障诊断 /75
　　3.4.4 制动灯与高位制动灯不工作故障诊断 /78
　　3.4.5 倒档灯（倒车灯）不工作故障诊断 /83

项目4 仪表、室内灯光 /87

4.1 仪表、室内灯光的组成与原理 /88
　　4.1.1 仪表组成与原理 /88
　　4.1.2 室内灯光组成与原理 /89
4.2 仪表、室内灯光检查保养★ /89
　　4.2.1 仪表指示灯/故障灯检查 /89
　　4.2.2 室内灯（阅读灯、杂物箱灯、行李舱灯、门控灯等）检查与操作 /90
　　4.2.3 室内灯的更换 /90
　　4.2.4 室内灯光电路连接及电压、电阻测量 /92
4.3 仪表、室内灯光检测维修★★ /95
　　4.3.1 仪表板总成更换 /95

  4.3.2　仪表指示灯/警告灯检测　/96
  4.3.3　组合仪表线束插接器电阻值检测　/102
4.4　信号警示系统故障分析★★★　/103
  4.4.1　转向灯闪光频率不一致故障诊断　/103
  4.4.2　转向指示灯不工作故障诊断　/104
  4.4.3　驾驶人安全带指示灯不工作故障诊断　/105
  4.4.4　组合仪表不工作故障诊断　/106

项目5　刮水器洗涤系统　/107

5.1　刮水器洗涤系统基本组成　/107
5.2　刮水器洗涤系统检查保养★　/110
  5.2.1　洗涤液液位检查及添加　/110
  5.2.2　洗涤喷嘴调整及洗涤软管检查　/111
  5.2.3　前照灯清洗系统操作及检查　/112
  5.2.4　刮水器片的检查、清洁、更换　/112
  5.2.5　刮水器臂更换、调整及刮水器松紧调整　/113
5.3　刮水器洗涤系统检测维修★★　/116
  5.3.1　刮水器电路检测　/116
  5.3.2　刮水器电动机拆装　/117
  5.3.3　洗涤系统电路检测　/118
  5.3.4　洗涤电动机及洗涤液储液罐更换　/118
5.4　刮水器洗涤系统故障诊断分析★★★　/120
  5.4.1　刮水器在任何档位下都不工作　/120
  5.4.2　刮水器在高速档不工作　/123

项目6　空调系统　/125

6.1　新能源汽车空调系统概述　/126
6.2　常见新能源汽车空调系统及原理　/127
  6.2.1　吉利帝豪EV450空调系统　/127
  6.2.2　比亚迪e5空调系统　/129
6.3　制冷暖风性能检查★　/134
  6.3.1　出风口制冷温度和湿度检测　/134
  6.3.2　出风口暖风温度和湿度检测　/136
  6.3.3　风速检测　/136
  6.3.4　制冷管路压力检测　/137

6.3.5　制冷剂泄漏检测　/138
　6.4　制冷系统检查保养★　/139
　　　6.4.1　制冷剂的回收与加注　/139
　　　6.4.2　冷凝器的清洗　/142
　6.5　过滤通风系统检查保养★　/143
　　　6.5.1　空调滤清器的更换　/143
　　　6.5.2　通风管路的清洗　/144
　　　6.5.3　蒸发器和鼓风机清洗　/145
　　　6.5.4　鼓风机检查及电阻测量　/146
　6.6　制冷系统部件检测维修★★　/146
　　　6.6.1　空调控制面板拆装　/146
　　　6.6.2　电动压缩机总成拆装　/147
　　　6.6.3　空调压缩机控制电路检测　/147
　　　6.6.4　制冷系统管路拆装　/149
　　　6.6.5　蒸发箱体及蒸发器的拆装　/151
　　　6.6.6　膨胀阀拆装　/152
　　　6.6.7　冷凝器拆装　/153
　6.7　暖风系统部件维修★★　/153
　　　6.7.1　暖风电子阀拆装　/153
　　　6.7.2　加热器拆装　/154
　6.8　通风系统部件维修★★　/155
　　　6.8.1　风向电动机拆装　/155
　　　6.8.2　风向电路检测　/156
　　　6.8.3　鼓风机及模块电阻拆装　/159
　　　6.8.4　通风管道拆装　/159
　6.9　空调控制电路检测★★　/160
　　　6.9.1　温度传感器检测　/160
　　　6.9.2　阳光强度传感器线路检测　/161
　　　6.9.3　压力传感器线路检测　/162
　　　6.9.4　自动空调控制模块检测　/162
　6.10　空调系统故障诊断★★★　/163
　　　6.10.1　空调制冷功能不正常故障诊断与分析　/165
　　　6.10.2　内外循环调节失效故障诊断与分析　/166

项目7　电动车窗、天窗　/169

　7.1　电动车窗、天窗概述　/170
　　　7.1.1　电动车窗系统　/170

7.1.2　电动天窗系统　/171
7.2　电动车窗、天窗检查保养★　/172
　　　7.2.1　车窗升降清洁、润滑　/172
　　　7.2.2　电动车窗功能检查　/173
　　　7.2.3　天窗铰链（滑道）清洁、润滑、紧固　/173
　　　7.2.4　排水管的清洁　/174
　　　7.2.5　电动天窗功能检查　/176
7.3　电动车窗检测维修★★　/176
　　　7.3.1　电动车窗升降电动机拆装　/176
　　　7.3.2　电动车窗玻璃升降电动机线束供电检测　/177
　　　7.3.3　电动车窗开关拆装　/178
　　　7.3.4　玻璃升降器主开关线路检测　/178
7.4　电动天窗检测维修★★　/179
　　　7.4.1　天窗玻璃的更换　/179
　　　7.4.2　天窗电动机的更换　/179
　　　7.4.3　天窗开关总成的更换　/180
　　　7.4.4　电动天窗控制模块工作电路检测　/181
7.5　电动车窗系统故障诊断分析★★★　/181
　　　7.5.1　电动车窗系统故障现象及可疑部位　/181
　　　7.5.2　左前玻璃升降器不工作故障诊断　/182
7.6　电动天窗系统故障诊断分析★★★　/185

项目8　电动座椅　/189

8.1　电动座椅概述　/190
8.2　电动座椅检查保养★　/190
　　　8.2.1　检查座椅固定螺栓是否松动　/190
　　　8.2.2　检查座椅的调节功能　/190
　　　8.2.3　座椅清洁　/191
8.3　电动座椅检测维修★★　/191
　　　8.3.1　电动座椅电动机拆装　/191
　　　8.3.2　电动座椅电动机工作电路检测　/196
　　　8.3.3　电动座椅开关电路检测　/199
8.4　电动座椅故障诊断分析★★★　/200
　　　8.4.1　电动座椅常见故障及可疑部位　/200
　　　8.4.2　电动座椅调节故障诊断分析　/200

项目9 电动后视镜、喇叭系统 /205

9.1 电动后视镜、喇叭系统概述 /206
    9.1.1 电动后视镜 /206
    9.1.2 喇叭系统 /206
9.2 电动后视镜、喇叭系统检查保养★ /207
    9.2.1 电动后视镜检查保养 /207
    9.2.2 喇叭系统检查 /208
9.3 电动后视镜检测维修★★ /208
    9.3.1 电动后视镜镜片更换 /208
    9.3.2 电动后视镜调整电动机更换 /209
    9.3.3 电动后视镜供电检查 /210
9.4 喇叭系统检测维修★★ /210
    9.4.1 喇叭拆装 /210
    9.4.2 喇叭供电线路检测 /211
    9.4.3 喇叭声级检测 /212
9.5 电动后视镜不能调整故障诊断分析★★★ /212
    9.5.1 电动后视镜常见故障及可疑部位 /212
    9.5.2 电动后视镜不工作故障诊断分析 /213
9.6 喇叭系统不工作故障诊断分析★★★ /216

项目10 中控门锁系统 /219

10.1 中控门锁系统概述 220
10.2 中控门锁功能检查★ 221
10.3 中控门锁系统检测维修★★ 222
    10.3.1 左前门锁总成更换 /222
    10.3.2 后门锁块更换 /223
    10.3.3 中控门锁系统控制模块供电电路检查 /224
10.4 中控门锁系统故障诊断分析★★★ 224
    10.4.1 中控门锁系统常见故障及可疑部位 /224
    10.4.2 智能钥匙遥控功能失效故障诊断分析 /225
    10.4.3 全车中控门锁不工作故障诊断分析 /225

参考文献 /229

项目 1
电子电气基础

【知识目标】

（1）能够了解电气基础。
（2）能够掌握电的三要素（电压、电流、电阻）、欧姆定律。
（3）能够区分串联、并联以及混联电路并掌握其特点。
（4）能够理解电路图的基本组成以及电路通路、开路、短路状态。
（5）能够掌握电路保护装置、导线、插接器、线束原理及作用。
（6）能够理解二极管、晶体管、线圈、电容器、开关、IGBT原理及应用。
（7）能够理解触电的危害以及用电安全常识。

【技能目标】

（1）能够正确识别新能源汽车电子元器件常用的检测工具。
（2）能够正确使用万用表检查电子元器件。
（3）能够正确进行导线的维修、插接器的插拔。
（4）作业结束后，能够正确收集、清洁和整理工具，对工位进行7S操作。

【素养目标】

（1）遵守工作场所的法律法规和政策，拥有高的安全意识。
（2）在需要的时候，协助他人并提供帮助。
（3）能够合理地分析和解决完成分配的任务时出现的问题。
（4）理解工作文件，报告书写清晰简洁。

1.1 电气基础

电是一种自然现象，是一种能量，同时也是一种看不见的力，电能使灯泡发光、电动机转动、喇叭发声等。汽车的正常运行需要依靠各种电气/控系统。

1.1.1 原子理论

物质都是由原子组成的。通过原子理论可以了解导体、半导体及绝缘体的特性。原子由带正电荷的质子、不带电荷中子和带负电荷的电子组成，如图1-1-1所示。

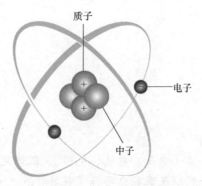

图1-1-1 原子组成

1.1.2 电子运动

在轨道外面的电子称为"自由"电子，它们离原子核比较远，因而相对容易脱离轨道引力。当有便利的路径或者导体时，电子可以由一个原子流向另一个原子，如图1-1-2所示。

当电子由一个原子流向另一个原子时，会产生电流。原子失掉一个电子称为正离子；原子多一个电子称为负离子。离子总是想获得平衡，正离子想获得一个电子而负离子想失掉一个电子。

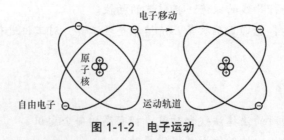

图1-1-2 电子运动

1.1.3 导体、绝缘体、半导体

（1）导体

易于导电的物体称为导体。银和金都是较好的导体，但过于昂贵所以只用于特殊的场合。铜的导电性也较好，而且力学性能好、相对便宜，应用最为广泛。

（2）绝缘体

不易导电的物体称为绝缘体。绝缘导线表面的材料就是绝缘材料。

（3）半导体

半导体是指常温下导电性能介于导体与绝缘体之间的材料。半导体一般做成二极管或晶体管。

1.1.4 电的效应

常见的电的效应有热效应、化学效应、磁效应。

（1）电的热效应

电流流过导线时会产生热能。在汽车上主要用于加热后风挡玻璃、左右后视镜、座椅等，灯泡中的热丝也是利用热能发光。

（2）电的化学效应

电的化学效应主要是指由于电流中的电子或离子的参与而使物质发生了化学变化的现象，例如蓄电池的充放电过程就是电的化学效应。

（3）电的磁效应

任何通有电流的导线都可以在其周围产生磁场的现象，称为电的磁效应。流过导线的电流越大，便会在导线周围产生的磁场越强，这个磁场称为电磁场。电磁场在汽车上用于许多不同的地方，例如电磁继电器、点火线圈、喷油器、电动机和发电机等。

1.2 电的三要素

1.2.1 电压

电压也称作电势差或电位差，是衡量单位电荷在静电场中由于电势不同所产生的能量差的物理量。电压用 U 表示，单位为伏特（简称伏），用 V 表示。

电压可以比作水塔内生成的水压，如图 1-2-1 所示。压力是由塔顶（相当于 12V）和塔底或地面（相当于 0V）之间的位差产生的。蓄电池正极接线柱与底盘搭铁之间产生的电位差正是推动电流流过电路的电压。

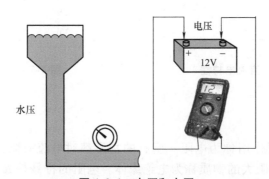

图 1-2-1　电压和水压

1.2.2 电流

单位时间内通过导体任一横截面积的电量叫作电流强度,简称电流。电流用 I 表示,单位为安培(简称安),用 A 表示。

导体中的自由电荷在电场力的作用下做有规则的定向运动就形成了电流,正电荷定向流动的方向为电流方向。仍以水塔为例,如图1-2-2所示,从水塔到地面的实际水流相当于电流,只有受到电压作用时才会有电流。

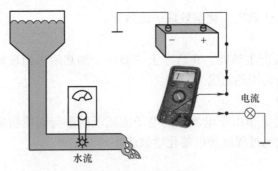

图1-2-2 电流和水流

(1)直流电

直流电指方向和大小不随时间变化的电压或电流,新能源汽车上的低压用电器采用直流电,直流电特性如图1-2-3所示。

(2)交流电

交流电指大小和方向随时间作周期性变化的电压或电流,汽车发电机发出未经整流的电为交流电,交流电特性如图1-2-4所示。

图1-2-3 直流电特性

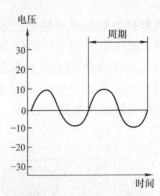

图1-2-4 交流电特性

1.2.3 电阻

物质对电流的阻碍作用称为电阻。所有的物质都对电流有阻力。电阻小的物质称为电导体,简称导体,电阻大的物质称为电绝缘体。电阻的符号是 R,计量单位是 Ω,在新能源汽车维修中经常会遇到的计量单位有 $k\Omega$ 和 $M\Omega$,它们之间的关系为 $1k\Omega$(千欧)=

1000Ω；1MΩ（兆欧）=1000000Ω。

如图1-2-5所示，电阻如同水管突然变细，电路中当电压一定时，电阻越大，电流越小。

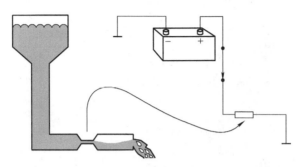

图1-2-5　电阻示意图

（1）电压、电阻、电流的关系

电压、电阻、电流是组成汽车电子电路的三大要素，图1-2-6描述了三者之间的关系。电压是电子流过导体（电路）形成电流的动力，而电阻就是电子移动过程中遇到的阻力。没有电压和闭合回路，就不会有电流。有了电压和电流便可以做功，例如点亮车灯。

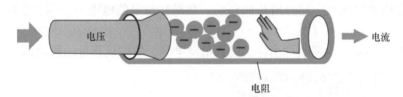

图1-2-6　电压、电阻、电流三者之间的关系

（2）电阻器的种类及应用

电阻器是所有电路中使用最多的元件之一。电阻器的主要物理特征是将电能转化为热能，也可说它是耗能元件。电阻器在电路中通常起分压、分流的作用。

电阻器（简称电阻）在汽车上有很多种类，其中比较常见的有：定值电阻、滑动电阻（可变电阻）、步进电阻。

1）定值电阻。定值电阻（图1-2-7）是指电阻值固定的电阻。它是在电子模块中用得较多的元件，用于降低电路中的电压或限制电流。

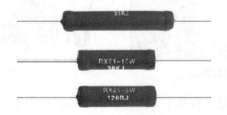

图1-2-7　定值电阻

定值电阻在汽车上的应用是非常广泛的，汽车上的用电设备（警告灯等）都可以看成一个定值电阻。在控制单元电路板上也有很多定值电阻，如图1-2-8所示。

图 1-2-8 定值电阻在控制单元电路板上的应用

2）滑动电阻。滑动电阻根据电阻上滑片的位置来改变电阻值的大小，进而来达到控制电流的目的。仪表板的照明控制和收音机音量控制，都是滑动电阻在汽车上应用的例子。

滑动电阻（图1-2-9）中包含一个定值的电阻、定值电阻的导线以及定值电阻上的滑片，滑片与定值电阻接触，通过滑片的移动，在滑片与定值电阻一个端子之间改变不同的电阻值。

如图1-2-10所示，电阻表的指针会随着滑动电阻上的红色指针的移动而变化。

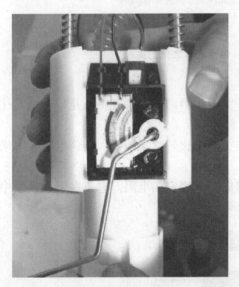

图 1-2-9 滑动电阻

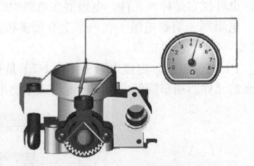

图 1-2-10 测量滑动电阻

3）步进电阻。步进电阻具有两个或两个以上供选择的固定电阻。将导线连接到电阻器上不同的抽头接线端，即可获得几种不同的电阻值。图1-2-11所示的步进电阻由多个不同阻值的定值电阻连接在一起组成。

步进电阻工作原理如图1-2-12所示：当风机风量控制钮处于不同的档位，可增加或减少风机串联电路中的电阻，从而增加或减小鼓风机的电流，从而控制鼓风机的转速（风量）。

项目 1　电子电气基础

图 1-2-11　步进电阻

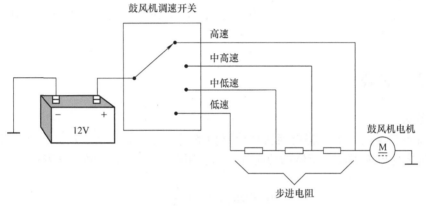

图 1-2-12　步进电阻工作原理

1.3　欧姆定律

（1）部分电路欧姆定律

部分电路即局部电路，特指电源的外电路。如图 1-3-1 所示，流过导体的电流与这段导体两端的电压成正比，与导体的电阻成反比，此规律称为部分电路欧姆定律。即

$$R = \frac{U}{I}$$

（2）全电路欧姆定律

电源内为内电路，电源外的负载电路为外电路，全电路（图 1-3-2）是指由内电路和外电路组成的闭合电路的整体。

图 1-3-1　部分电路

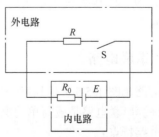

图 1-3-2　全电路电路图

全电路欧姆定律：在全电路中，电流与电源的电动势成正比，与整个电路的内、外电阻之和成反比。其表达式为

$$I = \frac{E}{R+R_0}$$

式中，I 是电路中的电流，单位为 A；E 是电源的电动势，单位为 V；R 是负载电阻，单位为 Ω；R_0 是电源内阻，单位为 Ω。由上式可得

$$E = IR + IR_0 = U_外 + U_内$$

式中，$U_内$ 是电源内阻的电压降；$U_外$ 是电源对外电路输出的电压，也称电源的端电压。

因此，全电路欧姆定律又可表述为：电源电动势在数值上等于闭合电路中内外电路电压降之和。

1.4 功率定律

（1）电功

电流流过负载时，负载将电能转换成其他形式的能（如磁能、热能、机械能等）的这一过程，称之为电流做功，所做的功简称电功。用符号 W 表示，其数学表达式为

$$W = UIt = I^2Rt = \frac{U^2}{R}t$$

式中，U 是加在负载上的电压，单位为 V；I 是流过负载的电流，单位为 A；t 是时间，单位为 s；W 是电功，单位为 J。

（2）电功率

电流在单位时间内做的功称为电功率，是用来表示消耗电能快慢的物理量，用 P 表示。它的单位是瓦特，简称瓦，符号是 W。

$$P = UI = I^2R \text{ 和 } P = U^2/R$$

电功率等于导体两端电压与通过导体电流的乘积。利用这一关系，根据条件的不同可以求出电路中的功率、电压或电流。

1.5 串／并／混联电路

电路分为 3 种基本联接方式：串联电路、并联电路、混联电路。

1.5.1 串联电路

串联电路（图 1-5-1）是只有一个闭合路径供电流通过的电路。串联电路是最简单的电路形式。

串联电路特点：

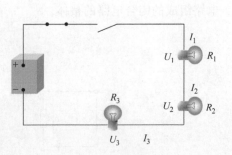

图 1-5-1 串联电路

1）串联电路总电压等于各部分电压之和。
$$U = U_1 + U_2 + U_3$$
2）串联电路总电流等于各部分电流。
$$I = I_1 = I_2 = I_3$$
3）串联电路总电阻等于各部分电阻之和。
$$R = R_1 + R_2 + R_3$$

1.5.2 并联电路

并联电路（图 1-5-2）是有两条及以上电流通路的电路。在并联电路中，每个分支上都加有电源电压，增加分支可以不减少可用电压，但会分走电路上一部分的电流。并联电路的每个分支犹如一个单独的串联电路。

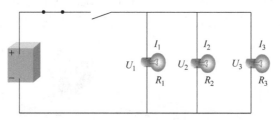

图 1-5-2　并联电路

并联电路特点：
1）并联电路总电压等于每个分支电压。
$$U = U_1 = U_2 = U_3$$
2）并联电路总电流等于每个分支电流之和。
$$I = I_1 + I_2 + I_3$$
3）并联电路的总电阻的倒数等于各电阻倒数之和。
$$\frac{1}{R} = \frac{1}{R_1} + \frac{1}{R_2} + \frac{1}{R_3}$$

1.5.3 混联电路

电路里面有串联也有并联的电路称为混联电路（图 1-5-3）。

混联电路可以先把并联部分看成一个整体部件，这样混联电路就变成了串联电路，先按照串联电路特点进行相关计算，对于并联部分再分别计算。对于图 1-5-3 给出的混联电路，其总电压、总电流、总电阻计算公式如下：

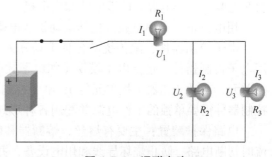

图 1-5-3　混联电路

$$U = U_1 + U_2 \text{ 或 } U = U_1 + U_3$$

$$I = I_1 = I_2 + I_3$$

$$R = R_1 + \cfrac{1}{\cfrac{1}{R_2} + \cfrac{1}{R_3}}$$

1.6 电路图的基本组成及电路状态

1.6.1 电路图的基本组成

汽车电路即汽车用电设备的通路,指根据用电设备的工作特性及相互关系用导线和车体连接成的电流通路,构成一个完整的供电、用电系统。汽车电路一般由电源、用电设备、电子控制器件、导线和电路保护装置组成。汽车喇叭电路的基本组成如图1-6-1所示。

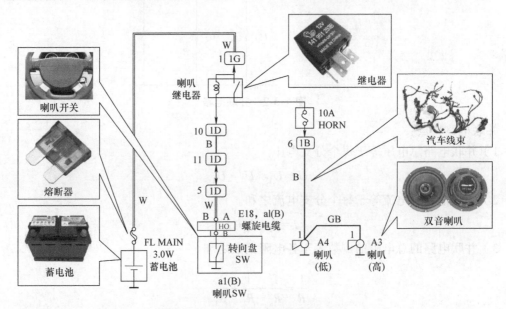

图1-6-1 汽车喇叭电路的基本组成

电源:向汽车电器设备提供低压直流电,保证汽车在行驶中和停车时都能正常工作。汽车上装有两个电源,即蓄电池和发电机。

用电设备:又称负载,包括电动机、电磁阀、灯泡、仪表和部分传感器等。

电子控制器件:除传统的各种手动开关、压力开关、温控开关外,现代汽车还大量使用电子控制器件,包括电子模块(如电子式电压调节器等)和电子控制单元(如发动机电控单元、自动变速器电控单元等),电子控制器件与传统开关在电路上的主要区别是:电子控制器件需要单独的工作电源并配用各种形式的传感器。

电路保护装置:主要有熔丝、熔断器和断路器等,功能是在电路中流过超过规定的电流时切断电路,防止烧坏导线和用电设备,并把故障控制在最小范围内。

导线：用于将上述装置连接起来构成电路。此外，汽车通常用车体代替部分从用电器返回电源的导线。

汽车电路图是采用国家或厂家标准规定的图形符号、文字符号和画法，对汽车电气系统的组成、工作原理及相互关系、安装位置等作出图解说明的文件。

汽车电路图在汽车设计、制造、维修过程中是不可缺少的技术资料，尤其在汽车维修中，更是能起到指导性作用，为检测、故障诊断和排除提供便利。

1.6.2 电路状态

电路通常有通路、开路及短路三种状态，如图1-6-2所示。

通路：电路构成闭合回路，电路中有电流流过。

开路：电路断开，电路中无电流通过，开路又称为断路。在开路电路中，开关断开电路，中断了电流。

短路：短路是电源未经负载而直接由导体构成闭合回路。短路时电源输出的电流比允许的通路工作电流大很多倍，电源损耗大量的能量。一般不允许短路，当然短路状态也可以应用，如保护接零时，使电路短路，以便保护用电器产生动作而切断电源，以达到保护人身安全的目的。

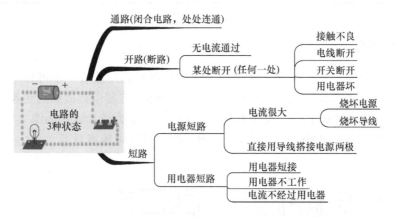

图1-6-2　通路、开路、短路

1.7 电路保护装置

为了防止电路中导线或电器设备过载，在每个用电设备的电路中都需要电路保护装置。当电路中电流超过规定值时，保护装置可自动将电路切断，防止烧坏电路中的导线和电器设备。电路保护装置是指汽车电路中采用的熔丝、熔断器和断路器等。

1.7.1 熔丝

熔丝实物图及结构如图1-7-1所示。熔丝一般装在靠近电源处，用来保护电源和大电流电路。电路过载时，熔丝中较细的部分会先熔断，将电路断开，避免线路受损。

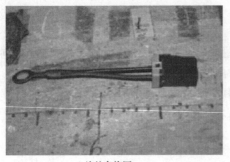

a) 熔丝实物图　　　　　　　　　b) 熔丝结构

图 1-7-1　熔丝实物图及结构

熔丝规格常用颜色来区别，盒式熔丝色标对应的额定电流见表 1-7-1。

表 1-7-1　盒式熔丝色标对应的额定电流

额定电流 /A	色标	额定电流 /A	色标
20	蓝色	40	绿色
25	白色	50	红色
30	粉色		

1.7.2　熔断器

熔断器俗称保险，汽车熔断器属于插入件，其两端之间接有一个可以熔化的导体（简称熔体），当通过的电流超过规定值时便熔断，并能够在修复电路故障后更换。若要更换熔断器，必须按原规格进行更换。在汽车上最常见的熔断器为插片式，如图 1-7-2 所示。利用熔断器壳上的 2 个槽口即测试点，可以检查电压降、可用电压或导通性。

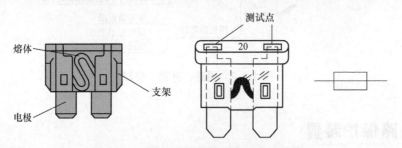

图 1-7-2　插片式熔断器结构及电路符号

熔断器上有特定的额定电流和色标，见表 1-7-2。

表 1-7-2　熔断器色标对应的额定电流

额定电流 /A	色标	额定电流 /A	色标
5 或 7.5	棕色	20	黄色
10	红色	25	白色
15	蓝色	30	绿色

熔断器在结构上保证了当电流达到一定值时,熔体会熔断,从而使电路断开。这样便断开了电路,避免电路的导线和电源因电流过大而损坏。以 10A 熔断器为例,如果电路中的电流超过 10A 并持续一段时间,熔断器就会断开,如图 1-7-3 所示。

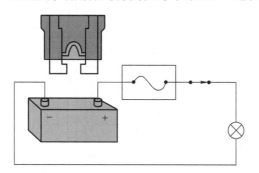

图 1-7-3　熔断器在电路中的工作原理

熔丝与熔断器的检测方法见表 1-7-3。

表 1-7-3　熔丝与熔断器的检测方法

项目	检测方法
熔断器与熔丝好坏的检测	熔断器与熔丝熔断以后,对于前者通常从玻璃管外部就可以观察到其内部熔丝是否已经熔断,若用万用表检测,其两端之间的电阻值为无穷大
热熔断器好坏的检测	热熔断器熔断以后,从外部一般较难判断其是否熔断,但可以用万用表进行测量判断,具体方法如下: 将万用表置于电阻档,两表笔分别与热熔断器的两端相连接:正常的热熔断器,其电阻值近于 0;若测得电阻值为无穷大,则说明被测热熔断器已经熔断

1.7.3　断路器

(1) 断路器的分类及工作原理

断路器用于平常工作时容易过载的电路,断路器按其作用形式的不同分为两种类型:循环式断路器和非循环式断路器。

循环式断路器是当电路电流过大时,双金属片受热向上弯曲变形,使常闭触点断开,自动切断电路。当双金属片冷却后,自动复位,触点闭合,电路自动接通。双金属片受热变形,触点再次打开,断路器触点周期性地打开和闭合,直到纠正过载为止,如图 1-7-4 所示。

非循环式断路器是当电路电流过大时,双金属片受热向上弯曲变形,使常闭触点断开,自动切断电路,保护线路及用电设备。断开电路后,需用手按下复位按钮,使双金属片复位,如图 1-7-5 所示。

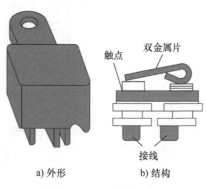

a) 外形　　b) 结构

图 1-7-4　循环式断路器

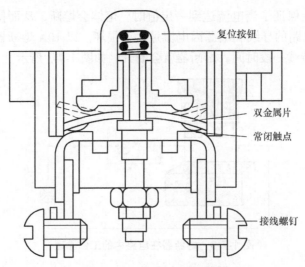

图 1-7-5　非循环式断路器

重要的电路,例如前照灯电路,不能使用非循环式断路器,因为短暂的短路会造成电路电压中断,要等到断路器复位为止。

(2)断路器的检测

通常使用万用表的×1Ω档或×10Ω档检测断路器,如图 1-7-6 所示,具体分以下两步:

1)按下断路器上的开关,使之处于 ON(接通状态),然后将两支表笔分别接断路器对应的两个接线端,正常电阻值应为 0,接着再用同样的方法测量其他对应的接线端,正常电阻值应为 0,或者电阻值很小。如果电阻值无穷大或电阻值时大时小,则表明断路器开路或接触不良。

2)按下断路器上的开关,使之处于 OFF(断开状态),然后将两支表笔分别接断路器每组对应的两个接线端,正常电阻值应为无穷大。如果电阻值为 0 或电阻值时大时小,则表明断路器短路或接触不良。

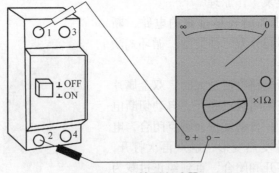

图 1-7-6　检测断路器

1.8　继电器

继电器是自动控制电路中常用的一种元件,它是利用电磁感应原理以较小的电流来控制较大电流的自动开关,在电路起着自动操作、自动调节、安全保护等作用。

汽车电气系统所使用的继电器体积较小,触点控制的电流也较小,属于小型继电器。汽车前机舱继电器盒和刮水器继电器如图 1-8-1 所示。

图 1-8-1　汽车前机舱继电器盒和刮水器继电器

（1）继电器的结构

继电器有两个主要部分:一个是线圈;另一个是触点。继电器中的线圈起到控制作用;触点的状态取决于线圈是否产生磁场。当触点闭合后,被控制的用电设备开始工作。

如图 1-8-2 所示,端子 85 和端子 86 是线圈,属于控制部分（即输入端）;端子 87 和端子 30 是触点,属于被控制部分（即输出端）。

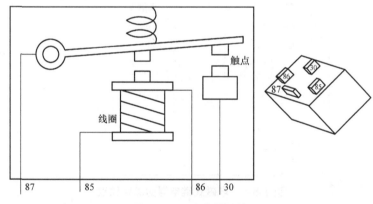

图 1-8-2　继电器结构

（2）继电器的类型

继电器按断开及接通方式可分为以下类型。

1）常开型。常开型继电器不工作时,其触点是断开的,只有在其线圈通电时才闭合,如图 1-8-3a 和图 1-8-3b 所示。

2）常闭型。常闭型继电器的触点不工作时是闭合的,只有在其线圈通电时才断开,如图 1-8-3c 所示。

3）枢纽式。枢纽式继电器在两个触点之间切换,由线圈通电状态决定,如图 1-8-3d 所示。

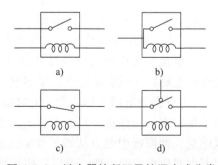

图 1-8-3　继电器按断开及接通方式分类

（3）继电器的工作原理

继电器利用的是电磁效应，当线圈通电后产生的磁场使触点闭合或断开。汽车上广泛使用的电磁式继电器一般由铁心、线圈、衔铁、触点及触点簧片等组成。打开外壳后的电磁式继电器如图 1-8-4 所示。

图 1-8-4　电磁式继电器

下面用电路图来说明电磁式继电器的工作原理。如图 1-8-5 所示，若一个由电源、开关及灯泡组成的电路，要求用强电流直接接线，则开关及接线都要有承受此强电流的能力，此时可使用开关利用弱电流去接通和断开继电器，然后由继电器通过的大电流去接通或断开灯泡。

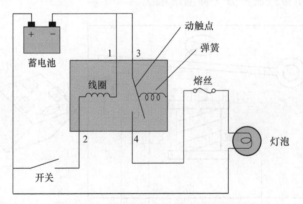

图 1-8-5　电磁式继电器的工作原理

当开关闭合时，使线圈通电励磁，线圈产生的磁力吸引动触点，使其闭合后接通灯泡电路。

当开关断开时，线圈断电，线圈产生的磁力也随之消失，动触点就会在弹簧的反作用力下返回原位，使灯泡电路断开。

1）四脚继电器工作原理。车辆继电器多为四脚，工作原理如图 1-8-6 所示。当开关闭合后，电流从蓄电池正极经过继电器的线圈端子 85 从端子 86 流回蓄电池的负极，线圈两端会产生磁场并吸引动触点，使继电器的触点闭合。

2）五脚继电器工作原理。五脚继电器工作原理与四脚继电器基本相同，只是在继电器不工作时有一个触点一直处于常闭状态。如图 1-8-7 所示，当继电器线圈端子 85 和端子 86 通电后，线圈吸引触点从端子 87a 运动到端子 87，使端子 30 与端子 87 接通，因此五脚继电器也叫作枢纽继电器，可以起到转换功能。

项目 1　电子电气基础

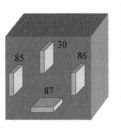 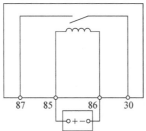

图 1-8-6　四脚继电器工作原理

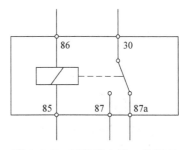

图 1-8-7　五脚继电器工作原理

（4）继电器的检查

不能只通过测量线圈的电阻值来判断继电器的好坏。以四脚继电器为例，继电器的检查方法如下：

1）通过万用表的电阻档测量控制部分线圈的电阻是否符合标准，如果不符合，更换继电器。

2）在继电器不通电的状态下，用万用表的电阻档测量触点（输出端）是否导通，如图 1-8-8 所示。如果导通，说明继电器损坏，更换继电器。

3）将继电器线圈接入电路中，使继电器工作，此时用万用表的电阻档测量输出端的电阻值是否很小（接近 0），如果测量发现触点电阻值无穷大或者电阻值超过标准值，则说明继电器出现故障，需要更换。

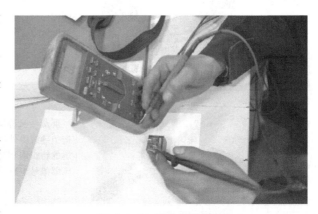

图 1-8-8　继电器的检查

1.9　导线、插接器、线束

导线、插接器、线束的说明见表 1-9-1。

表 1-9-1　导线、插接器、线束的说明

名称	实物图	说明
低压导线		普通低压导线为铜质多股软线，根据导线外绝缘包层材料的不同又分为 QVR 型（聚氯乙烯绝缘包层）和 QFR 型（聚氯乙烯-丁腈复合绝缘包层）两种

17

（续）

名称	实物图	说明
起动电缆		起动电缆是带绝缘包层的大横截面积铜质或铝质多股软线，连接蓄电池正极与起动机电源端子30，横截面积有 $25mm^2$、$35mm^2$、$50mm^2$、$70mm^2$ 等多种规格，允许电流 500~1000A。为保证起动机正常工作并能产生足够的驱动转矩，要求起动线路上 1A 电流产生的电压降不超过 0.15V。因此，起动电缆的横截面积比普通低压导线的横截面积大得多
搭铁电缆		蓄电池搭铁电缆俗称搭铁线，常用的有两种：一种是铜丝编织成的扁形软铜线；另一种外形同起动机电缆，覆有绝缘层。搭铁电缆常用于蓄电池与车架、车架与车身、发动机与车架等总成之间的连接。国产汽车常用的搭铁线横截面积有 $300mm^2$、$50mm^2$、$600mm^2$、$760mm^2$ 四种规格
屏蔽线		屏蔽线又称同轴射频电缆，其作用是将导线与外界磁场隔离，避免导线受外界磁场的影响而产生干扰。在导线绝缘层中带有金属的纺织网和套装护套。屏蔽线常用于低压弱信号电路，如氧传感器信号电路、曲轴位置传感器电路等
高压导线		高压导线用来传送高压电。新能源汽车高压部分采用橙色导线，以起到警示作用。由于工作电压很高，高压导线绝缘包层很厚，其绝缘材料有全塑料与橡胶之分。对于新能源汽车，一般以高压电器为中心对高压导线进行划分，可分为电机高压线、电池高压线、充电高压线等
插接器		为便于接线，汽车线束中各导线端头均焊有接线卡，并在导线与接线卡连接处套以绝缘管，经常拆卸的线卡一般采用开口式，拆卸机会少的接线卡则常采用闭口式
线束		为使全车线路规整、安装方便及保护导线的绝缘，汽车上的全车线路除高压线、蓄电池电缆和起动电缆外，一般将同区域的不同规格的导线用棉纱或薄的聚氯乙烯胶带缠绕包裹成束，称为线束

汽车上的导线有高压导线和低压导线两种，二者采用铜质多芯软线。

1.9.1 导线

（1）低压导线横截面积

导线的横截面积主要根据其工作电流选择，但是对于一些工作电流较小的电器，为保证具有一定的机械强度，汽车电器中导线横截面积不得小于 $0.5mm^2$。各种低压导线标称横截面积允许的负载电流见表 1-9-2。

表 1-9-2 低压导线标称横截面积允许的负载电流

标称横截面积 /mm^2	1.0	1.5	2.5	3.0	4.0	6.0	10	13
允许的负载电流 /A	11	14	20	22	25	35	50	60

汽车 12V 电气系统主要线路导线标称横截面积推荐值见表 1-9-3。

表 1-9-3 汽车 12V 电气系统主要线路导线标称横截面积推荐值

标称横截面积 /mm^2	用途
0.5	尾灯、顶灯、指示灯、仪表灯、牌照灯、刮水器、时钟、燃油表、冷却液温度表、油压表等
0.8	转向灯、制动灯、停车灯、断路器等电路
1.0	前照灯、电喇叭（3A 以下）电路
1.5	前照灯、电喇叭（3A 以上）电路
1.5～4.0	其他 5A 以上电路
4～6	柴油车电热塞电路
6～25	电源电路
16～95	起动电路

（2）低压导线颜色

为便于维修，低压导线常用不同颜色来区分。其中，导线横截面积在 $4mm^2$（含）以上的采用单色线，横截面积在 $4mm^2$ 以下的采用双色线，搭铁线均采用黑色线。汽车用低压导线的颜色代码见表 1-9-4，汽车电气系统的导线主色见表 1-9-5。

表 1-9-4 汽车用低压导线的颜色代码

导线颜色	代码	导线颜色	代码	导线颜色	代码
黑	B	绿	G	蓝	Bl
白	W	黄	Y	灰	Gr
红	R	棕	Br	橙	O

表 1-9-5 汽车电气系统的导线主色

系统或部件名称	导线主色	颜色代码
电源系统	红	R
起动、点火系统	白	W
雾灯	蓝	Bl

(续)

系统或部件名称	导线主色	颜色代码
灯光、信号系统	绿	G
防空灯及车身内部照明系统	黄	Y
仪表、报警系统、喇叭系统	棕	Br
收音机、电子钟、点烟器等辅助电气系统	紫	Pu
各种辅助电动机及电气操纵系统	灰	Gr
搭铁线	黑	B

为了容易区别导线颜色，常采用黑、白、红、绿、黄、蓝、灰、棕、紫色；其次为粉红、橙、棕褐色；再次为深蓝、浅蓝、深绿、浅绿色。

双色线的主色所占的比例大一些，如图1-9-1所示。双色线标注中第1色为主色，第2色为辅色。例如白/黑双色线的主色为白色，放在前面，黑色为辅色，放在后面。

（3）低压导线的检修

对于低压导线的检查，需要使用电阻表来测量导线的电阻，具体操作方法如下：首先将被测导线从电路中断开；将电阻表选好合适的量程，电阻表的表笔与导线两端可靠接触（图1-9-2），如果显示的电阻值超过标准值，则需要检查导线的搭铁和插头有无出现虚接的状态。

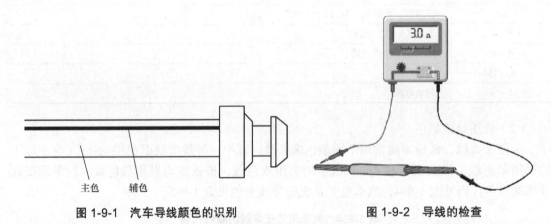

图1-9-1 汽车导线颜色的识别　　图1-9-2 导线的检查

1）剥线。剥线是维修导线时常做的工作。如果剥线时没有按规定操作，不慎将导线拉长或削去部分线芯，则可能带来严重后果或安全隐患。例如传递信号的导线，如果维修时被拉伸，其电阻就会增大，从而影响信号的传输。剥线时，应使用专用剥线钳，不同型号的导线要使用剥线钳的不同部位或不同的剥线钳。

2）连接。维修时，经常面对把一根断开的导线或两根导线连接在一起的工作。正确的接线方法是利用专用接线材料和专用接线工具（压线钳）进行连接，如图1-9-3所示。

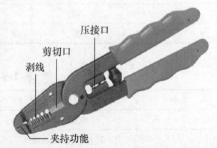

图1-9-3 压线钳（专用接线工具）

3）焊接。焊接是连接导线的基本方式之一。焊接使用的专用工具是电烙铁。根据不同情况，选取不同功率的电烙铁。焊接时，应注意以下事项：

① 不要直接用电烙铁加热焊接材料，而应通过加热导线接头，同时把焊接材料放到需要焊接的区域，间接熔化焊接材料。因为只有这样，才能使熔化的焊接材料充分与导线熔为一体。否则，由于导线温度比焊接材料低，会造成焊接不牢。

② 要确保焊接点在导线的金属头上，不能在绝缘层上焊接。

③ 如果用接线夹，应确保焊接材料均匀覆盖夹子。

④ 不要使用太多焊接材料。要圆滑焊接，不要让焊接材料产生棱角，否则棱角会刺穿绝缘层，引起漏电或短路。

⑤ 不要长时间给导线加热，以免烧毁导线和绝缘层。

⑥ 维修导线时，一定要断开电源。

（4）高压导线

考虑到电磁干扰的因素，整个高压系统均由屏蔽层包覆。目前国内车型全部采用屏蔽高压线，日系车也有应用屏蔽网包覆在高压线外侧，并对插接器进行处理，以实现屏蔽连接。因为高压已经超出人体安全电压，车身不可像低压系统那样作为整车搭铁点，所以在高压线束系统的设计上，直流高压电回路必须严格执行双线制。根据高压线束的特性，一般以高压电器为中心对高压线束进行划分，可分为电机高压线、蓄电池高压线和充电高压线等。电机高压线是连接控制器和电机的高压线；电池高压线是连接控制器和电池的高压线；充电高压线是连接充电机和蓄电池的高压线。

高压线束的耐电压与耐温性能远高于低压线束。屏蔽高压线可减少电磁干扰、射频干扰对整车系统的影响。整条高压线束回路均实现屏蔽连接，电机、控制器及电池等接口高压线束屏蔽层，通过插接器等连接到电池电机控制器壳体，再与车身搭铁连接。高压线的屏蔽对于电缆传导数据不是必需的，但是可减少或避免高压线的辐射。

耐电压性能：常规汽车耐高电压可达 600V，商用车耐高压可达 1000V。

耐电流性能：根据高压系统部件的电流量，可达 400A。

耐高温性能：耐高温等级分为 125℃、150℃、200℃等，常规选择 150℃导线；低温常规选择 -40℃。

高压导线的直径设计需要综合考虑：负载回路的额定电流值；电线导体的容许温度；线束工作时周围环境的温度；导线自身通电时温度上升引起的电导率降低；成捆线束容许电流的折减系数。

导线容许电流值 × 环境温度引起的电导率降低 × 捆扎引起的折减系数应大于额定电流值。

鉴于环境温度对通电率降低的影响（驾驶舱内 40℃、前机舱内 80℃），导体阻抗的上升需做考虑。因此，电线的耐热温度应大于环境温度 + 导体通电时的温度上升。

导线最高稳态温度应不超过导线绝缘层、插件材料或其他导线材料额定温度。导线电流容量有很多决定因素变量，例如导体尺寸、绝缘材料、绝缘层厚度、环境温度、导线捆绑尺寸和导体材料。

1.9.2 插接器

（1）插接器的结构

插接器主要由引脚、外壳、附件组成，结构如图1-9-4所示。

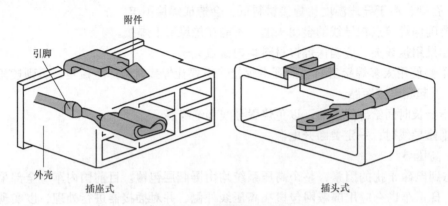

图1-9-4 插接器的结构

（2）插接器拔插标准

当断开插接器时，首先要解除闭锁，如图1-9-5所示。然后把插接器拉开，不允许在闭锁未解除的情况下用力拉扯导线，以免造成闭锁装置或连接导线的损坏。有些插接器用钢丝扣锁止，取下钢丝扣后才能将插接器拔开。需注意的是在断开插接器时，要先确认是哪种插接器。

端子与插头的拆卸，需将专用工具伸入插头小孔中，顶压端子的锁舌，然后移动插头，如图1-9-6所示。

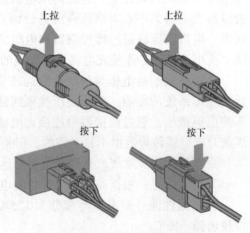

图1-9-5 插接器拔插标准

（3）插接器的故障形式

插接器的故障形式有插接器脏污、引脚脱落、插接器松脱等。

1）插接器脏污。如图1-9-7所示，插接器脏污或腐蚀，容易造成插接器各引脚间短路。

图1-9-6 拆卸插接器专用工具

图1-9-7 插接器脏污

2）引脚脱落。如图 1-9-8 所示，插接器外壳上的引脚卡子损坏容易造成插接器引脚脱落，引脚脱落后插接器会接触不良。

3）插接器松脱。如图 1-9-9 所示，插接器外壳上的固定卡子如果损坏，容易造成插接器松脱，这样会影响电气元件的工作。

图 1-9-8 引脚脱落

图 1-9-9 插接器松脱

（4）插接器的检测

插接器主要通过以下三个方面进行检测。

1）目测检查。检查氧化情况（这可能会引起插接器内部端子连接不良）。检查引脚和端子是否损坏。检查是否正确地插入插接器。检查确认电线正确地连接在引脚或端子上，应仔细检查引脚及端子。

2）插接器测量。在电线两端之间连接万用表测量电阻。如果插接器接触良好，没有开路，万用表的读数应大约是 0。

3）插接器引脚松脱检查。检查插接器上的导线引脚是否有松脱迹象，如果发现，需要及时修复。

1.9.3 线束

检修线束时，应按要求进行拆装，在拆卸过程中要记下各插接器的连接部位和线束区，装配时按原连接部位装复。各车型的线束都应按设计要求包裹好。

安装线束时，应注意以下事项：

1）线束应用夹箍或线卡固定，以免松动或磨损。

2）线束不可拉得过紧，尤其在拐弯处更应注意。在绕过锐角或穿过金属孔时，应用胶带或套管保护，否则容易磨坏线束进而发生短路，并有烧毁全车线束、酿成火灾的危险。

3）连接电器时，应根据插接器规格、形状，导线颜色或插头处套管的颜色正确接线。若不易辨别导线的头尾时，一般可用试灯区分。

1.10 半导体元件

现代汽车电子控制系统中采用了大量的半导体元件。常见的半导体元件就是二极管和晶体管。

1.10.1 二极管

（1）二极管结构原理

二极管按导电类型的不同，分为 P 型半导体和 N 型半导体两类。把一小块半导体的一边制成 P 型，另一边制成 N 型，则在 P 型半导体和 N 型半导体的交接面处形成 PN 结。二极管实际上是一个由 P 型半导体和 N 型半导体形成的 PN 结，与 P 型半导体连接的电极称为正极（阳极），与 N 型半导体连接的电极称为负极（阴极），二极管如图 1-10-1 所示。

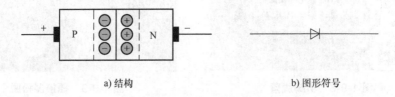

a）结构　　　　　　　　　　b）图形符号

图 1-10-1　二极管

由图 1-10-2 可知，当二极管正极与电源正极连接，负极与负极电源相连时，二极管能导通，反之二极管不能导通，二极管的这种单方向导通的性质称为二极管的单向导电性，即只往一个方向传送电流。

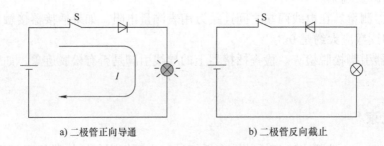

a）二极管正向导通　　　　　　b）二极管反向截止

图 1-10-2　二极管的性质说明图

（2）二极管种类及应用

二极管种类有很多，根据其不同用途，可分为整流二极管、发光二极管、光电二极管等。

1）整流二极管。整流二极管是一种将交流电转变为直流电（即输入的是交流，输出的是直流）的半导体元器件，整流器就是整流二极管组成的桥式整流电路，将交流发电机产生的交流电转变成可供汽车电器使用的直流电。整流器与整流电路如图 1-10-3 所示，图中的①、②、③都为整流二极管。

2）发光二极管。发光二极管结构与普通二极管一样，但通常用砷取代硅作为半导体的原材料，是一种光—电转化器件，英文缩写为 LED，LED 的颜色取决于所用材料。常见的发光二极管如图 1-10-4 所示。

发光二极管工作原理：当施加正向电压时，能够让电流通过二极管发光；当施加反向电压时，二极管向开关一样切断电路，无电流通过，因此不发光。LED 必须始终与一个电阻串联在一起，以便限制经过发光二极管的电流，防止其损坏，如图 1-10-5 所示。

 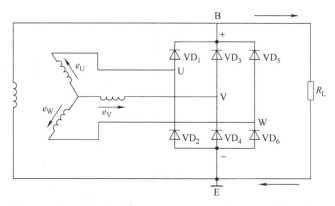

图 1-10-3 整流器与整流电路

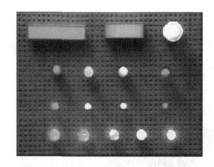

图 1-10-4 常见的发光二极管

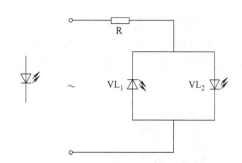

图 1-10-5 发光二极管符号及电路

制动灯（图 1-10-6）一般采用发光二极管制成，具有以下优势：

① 发热量小，使用寿命长。
② 工作电流小，反应迅速。
③ 成本低。

3）光电二极管（图 1-10-7）。光电二极管的核心部分也是一个 PN 结，与普通二极管相比，在结构上不同的是，为了便于接受入射光照，PN 结面积尽量做得大一些；光电二极管的符号是在普通二极管的基础上加上两个箭头代表光照。日间行车灯控制中就含有光电二极管。

光电二极管的工作原理（图 1-10-8）与发光二极管正好相反，它把光信号转变成电信号；当有光源照射到光电二极管上时，二极管将电路接通，使电流流经用电设备。

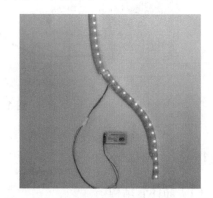

图 1-10-6 制动灯（发光二极管的应用）

（3）二极管的检测

可利用万用表检测二极管正、反向电阻值，如图 1-10-9 所示，可以判断二极管的电极，还可以估测出二极管是否损坏，具体操作步骤如下：

图 1-10-7 光电二极管

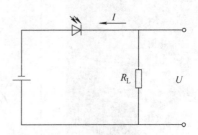

图 1-10-8 光电二极管工作原理

1）万用表调到电阻档，将二极管接到万用表的两个表笔之间。

2）万用表的黑表笔接的是二极管的正极，红表笔接的是二极管的负极，即正向电阻测量。

3）万用表的黑表笔接的是二极管的负极，红表笔接的是正极，即反向电阻测量。

4）若万用表正向测量的电阻小而反向测量的电阻大，说明二极管的单向导通性能好，二者电阻值相差越大，二极管的单向导通性越好。

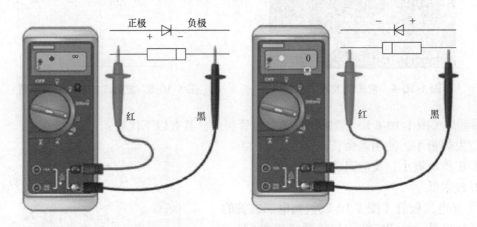

图 1-10-9 二极管的检测

1.10.2 晶体管

（1）晶体管结构

晶体管是一种控制电流的半导体器件。其作用是把微弱信号放大成幅值较大的电信号，也用作无触点开关。

晶体管的基本结构是两个反向连结的 PN 结面。晶体管排列方式有 PNP 和 NPN 两种，两个 PN 结面把整块半导体分成三部分，中间部分是基区，两侧部分是发射区和集电区。晶体管有 3 只管端脚，分别叫作发射极（E）、基极（B）和集电极（C），晶体管的图形符号如图 1-10-10 所示。

(2)晶体管工作原理及应用

晶体管主要有开关和放大两个作用。如图1-10-11所示,在基极上加一个很小的电流或电压就可以使集电极和发射极导通起到开关作用,同时在集电极和发射极之间流过的电流大于基极电流,起到了放大基极电流的作用。

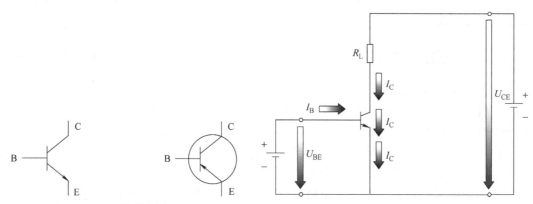

图1-10-10　晶体管的图形符号　　　　图1-10-11　晶体管工作原理

晶体管已经越来越多地替代了传统的继电器来实现对执行器的控制。通过晶体管可以控制一些元件的开启和关闭,同时对一些信号起到放大作用。晶体管在汽车上有大量的使用,它们大部分都集成在电路板上。

(3)晶体管的检测

使用万用表晶体管档测量晶体管好坏的方法如下(图1-10-12):

1)确定晶体管的基极和管型。

2)万用表选择晶体管测量档。

3)按照晶体管的管型选择NPN和PNP测量孔,基极对应插入B孔,剩下的插孔任意插入另外的两个管脚。

4)观察万用表显示的数值并记录,然后互换E孔和C孔的管脚,再次读取数值。

5)以所测数值最大的为准,表示的是晶体管的放大倍数。

图1-10-12　晶体管的检测

1.11 线圈

电路中的线圈是指电感器，简称电感，是指导线一圈接一圈绕起来，导线彼此互相绝缘，而绝缘管可以是空心的（图1-11-1），也可以包含铁心或磁粉心。电感又可分为固定电感和可变电感，固定电感线圈简称电感或线圈。

图1-11-1 线圈结构

1.11.1 线圈的电磁效应

当有电流流过线圈时，线圈就会产生磁场。如图1-11-2所示，将线圈接入一个电路中，线圈就会产生磁场，磁场就会吸引线圈中间的铁心动作。

汽车上应用电磁效应的部件比较多，如电动机、喷油器、电磁阀等。电动机的线圈是用来产生磁场，通过电磁感应原理使电动机旋转。喷油器是通过给线圈通电，线圈产生磁场，磁场吸引中心的铁心动作，使喷油器喷油。

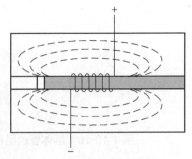

图1-11-2 线圈的电磁效应

1.11.2 线圈的电感效应

线圈的电感效应分成两类：自感效应和互感效应。

（1）线圈自感效应

当导体中的电流发生变化时，它周围的磁场就随着变化，因而在导体中就产生感应电动势，这种现象就叫作自感现象。如图1-11-3所示，触发轮的旋转使触发齿远离或接近传感器，使永磁铁发出的磁力线在线圈中产生了变化，线圈中磁力线的多少发生变化后，线圈本身就会产生感应电动势。部分汽车的曲轴位置传感器就是利用线圈自感原理工作的。

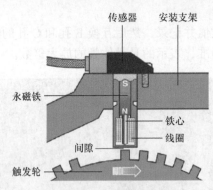

图1-11-3 线圈自感效应

（2）线圈互感效应

线圈的互感效应如图1-11-4所示，当一次线圈通电时，围绕着一次线圈和二次线圈周围建立电磁场。当一次线圈的电路被切断时，磁场快速衰减；二次线圈中的磁力线快速衰减，同时在二次线圈中感应出高电压，再传递到相应的火花塞上。汽车上电感效应的应用主要是一些传感器和点火线圈等。

项目 1　电子电气基础

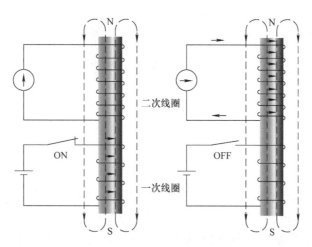

图 1-11-4　线圈互感效应

1.11.3　线圈的检查

线圈通常通过以下方法进行检查：

1）使用万用表测量线圈的电阻。可以通过万用表的电阻档测量被测线圈的电阻是否符合标准，如果电阻超过标准，则需要更换，如图 1-11-5 所示。

2）对于利用电磁效应的部件，可以将其连接在电路中，检查其工作是否正常，如果不正常，需要更换。

3）对于利用互感效应的部件，可以利用万用表测量部件中两组线圈的电阻是否符合标准，如果不符合，需要更换。

图 1-11-5　线圈检查

1.12　电容器

电容器是一种可以存储电荷或电能的元件。最简单的电容器由相距很近且中间有绝缘介质（如空气、纸和陶瓷等）的两块导电极板组成。电容如图 1-12-1 所示。

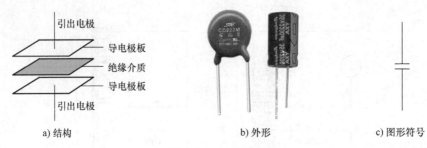

图 1-12-1 电容器

电容器充满电时不再有电流流过（电流表显示0），即使之后电压电源仍保持连接状态。随后电容器阻断直流电流，即电容器电阻变为无穷大。

电容器与直流电压电源断开后电容器仍保持带电状态，即两个金属板之间存在电位差，电容器存储了电能。

1.12.1 电容器的特性

通过改变开关位置使电容器短路时，放电电流向反方向流动，直至两个金属板重新为电中性，或通过电阻将电容器存储的电能全部转化为热能时，放电电流停止流动。

1）电容器充电过程开始时的电流较高，而开始时的电压较低或为0。随着电容器充电过程的进行，电流越来越小，电压越来越高。

2）电容器充满电时不再有电流经过，电压达到电源电压值。

3）电容器开始放电时电流较大，但与充电时的流动方向相反。电压开始时为最高值，然后随电容器放电而不断降低（图1-12-2）。电容器完全放电后不再有电流经过，电容器金属板之间没有了电位差。如

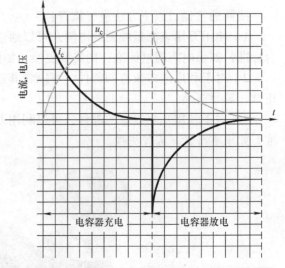

图 1-12-2 电容器充/放电期间的电压/流特性曲线

果单位时间内充电和放电过程的数量增加，例如通过施加交流电压，则单位时间内的充电和放电电流数量就会增大，单位时间内的电流平均值也会增大。因此电容器内的电流变大，即电容器电阻明显减小（电容性电抗）。电容器在汽车上作为短时电荷存储器使用，用于电压滤波和减小过电压峰值。

1.12.2 电容器的种类

电容器的种类很多，主要可分为两大类：固定电容器和可变电容器。

（1）固定电容器

固定电容器是指容量固定不变的电容器。固定电容器可分为无极性电容器和有极性电容器。

1）无极性电容器的引极无正、负极之分。无极性电容器的图形符号如图1-12-3a所示，外形示例如图1-12-3b所示。无极性耐电压较高。

2）有极性电容器又称电解电容器，引脚有正、负之分。有极性电容器的图形符号如图1-12-4a所示，外形示例如图1-12-4b所示。有极性电容器耐电压较低。

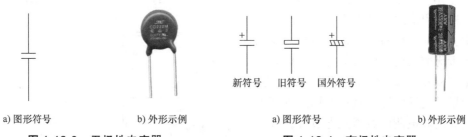

图1-12-3 无极性电容器　　　　　图1-12-4 有极性电容器

有极性电容器引脚有正、负之分，在电路中不能乱接，若正、负位置接错，轻则不能正常工作，重则炸裂。有极性电容器正确的连接方法是，电容器正极接电路中的高电位，负极接电路中的低电位。有极性电容器连接方法如图1-12-5所示。

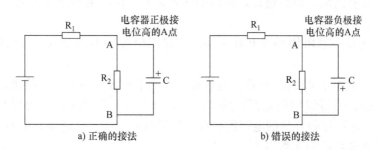

图1-12-5 有极性电容器的连接方法

（2）可变电容器

可变电容器又称可调电容器，是指容量可以调节的电容器。可变电容器可分为微调电容器、单联电容器和多联电容器等。

1.12.3 电容器在汽车上的应用

图1-12-6所示为汽车车内照明灯关闭延迟电路。电容器C与继电器的线圈并联在一起。因此，释放开关后仍有电流通过继电器，从而通过照明灯。通过继电器的励磁线圈使电容器放电后，继电器就会关闭照明灯电路，照明灯电流在开关释放后延迟一小段时间才中断。

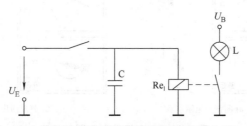

图1-12-6 汽车车内照明灯关闭延迟电路

1.12.4 电容器的检查

电容器常见的故障有开路、短路和漏电。

（1）无极性电容器的检测

万用表拨至 R×10kΩ 或 R×1kΩ 档（对于容量小的电容器，选 R×10kΩ 档位），测量电容器两引脚之间的电阻值。如果电容器正常，表针先往右摆动，然后慢慢返回到或接近无穷大处，电容量越小，向右摆动的幅度越小，检测过程如图 1-12-7 所示。表针摆动过程实际上就是万用表内部电池通过表笔对被测电容器充电过程，被测电容器容量越小充电越快，表针摆动幅度越小，充电完成后表针就停在无穷大处。

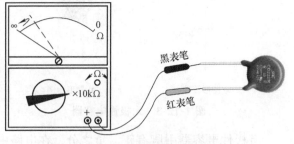

图 1-12-7　无极性电容器的检测过程

若检测时表针始终停在无穷大处不动，说明电容器不能充电，该电容器开路。

若表针能往右摆动，也能返回，但回不到无穷大，说明电容器能充电，但绝缘电阻小，该电容器漏电。

若表针始终指在电阻值小或 0 处不动，这说明电容器不能充电，并且绝缘电阻很小，该电容器短路。

注：对于容量小于 0.01μF 的正常电容器，在测量时表针可能不会摆动，故无法用万用表判断是否开路，但可以判别是否短路和漏电。如果怀疑容量小的电容器开路，用万用表又无法检测时，可找相同容量的电容器替换，如果故障消失，就说明原电容器开路。

（2）有极性电容器的检测

万用表拨至 R×1kΩ 或 R×10kΩ 档（对于容量很大的电容器，可选择 R×100Ω 档），测量电容器正、反向电阻。如果电容器正常，在测量正向电阻（黑表笔接电容器正极引脚，红表笔接负极引脚）时，表针先向右大幅度摆动，然后慢慢返回到无穷大处（用 R×10kΩ 档测量可能到不了无穷大处，但非常接近也是正常的），如图 1-12-8a 所示；在测量反向电阻时，表针也是先向右摆动，也能返回，但一般回不到无穷大处，如图 1-12-8b 所示。有极性电容器的正向电阻大，反向电阻小，它的检测过程与判别二极管的正、负极是一样的。

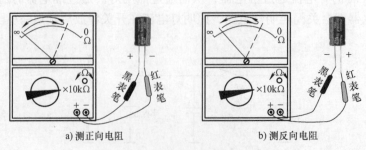

a) 测正向电阻　　b) 测反向电阻

图 1-12-8　有极性电容器的检测

1.13 开关

开关在电路中是个通断装置,起着接通或断开电路的作用。汽车上常见的开关主要有:瞬时接触开关、扳动式开关、控制型开关。

1.13.1 瞬时接触开关

瞬时接触开关一般只在操作时才能处于接合状态,不操作时自动断开。瞬时接触开关的典型实例是喇叭开关(图1-13-1)。按下开关时,喇叭发出声响;松开按钮,触点断开,声响随之停止。

瞬时接触开关原理(图1-13-2):瞬时接触开关内部有簧压触点,弹簧使触点保持断开,当按下开关的顶部按键时,触点就会瞬时接通,当松开顶部按键后,触点断开。

图 1-13-1 喇叭开关

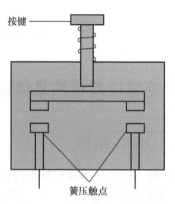

图 1-13-2 瞬时接触开关原理

1.13.2 扳动式开关

扳动式开关一般需要人工去扳动才能处于工作状态。与瞬时接触开关不同的是,当停止操作后,扳动式开关并不会自动回位,只能通过再次扳动才能恢复初始状态。灯光开关(图1-13-3)中的转向灯开关就是这种开关,通过上下扳动开关来改变转向灯的工作状态。

扳动式开关原理:扳动开关后,开关保持在扳动位置,图1-13-4中的端子1和端子2导通,这样就可以控制电路中的设备进行工作。

图 1-13-3 灯光开关

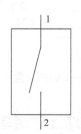

图 1-13-4 扳动式开关原理

1.13.3 控制型开关

控制型开关一般通过开关状态的变化来控制某些功能。液位开关（图1-13-5）放置在油液壶内，通过壶内液位的上下浮动，开关接通或断开，从而能够告知驾驶人液位的高低。

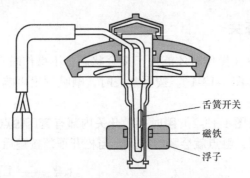

图1-13-5 液位开关（控制型开关）

1.14 绝缘栅双极性晶体管（IGBT）

1.14.1 IGBT结构

IGBT是一种用晶体管和场效应晶体管组成的新型复合器件，是一种三端功率半导体器件，其特点是电流容量高、开关速度快。目前，IGBT应用于许多场合，包括变速电动机驱动、电力系统应用、开关模式电源。典型的IGBT模块由许多元器件并联组成，具有非常大的电流处理能力，百安培级别元器件的阻断电压高达6000V。

IGBT的结构如图1-14-1所示，其图形符号如图1-14-2所示，等效电路如图1-14-3所示。对于IGBT，由于存在电导调制效应，电流越大导致电阻越小。

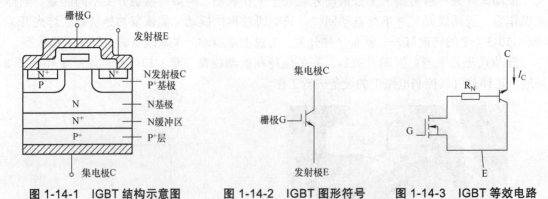

图1-14-1 IGBT结构示意图　　图1-14-2 IGBT图形符号　　图1-14-3 IGBT等效电路

1.14.2 IGBT工作原理

从等效电路可以看出，它由N沟道增强型场效应晶体管和PNP型晶体管复合而成，其中R_N为基区扩散电阻。IGBT的输入特性和N沟道增强型场效应晶体管的转移特性相似，输出特性和晶体管的输出特性相似。不同的是，IGBT 的集电极电流 I_C 是受栅极、发射极间电压 U_{ge} 的控制。IGBT 是一种电压控制器件（又称场控器件），它的驱动原理和场效应晶体管很相似。它的开通和关断由栅极、发射极间电压 U_{ge} 决定，当 U_{ge} 为正，且大于开启电压 $U_{ge(th)}$ 时，场效应晶体管内形成导电沟道，并为 PNP 晶体管提供基极电流，进而使 IGBT 导通。当栅极、发射极间开路或加反向电压时，场效应晶体管内形成导电沟道消失，晶体管的基极电流被切断，IGBT 即关断，为全控型器件。

1.14.3 IGBT 的应用

（1）IGBT 功率模块

在电驱动系统的应用中，常用到的是额定电压为 600~1200V、额定电流为 50~1000A 的 IGBT 功率模块。IGBT 模块包括多个 IGBT 和续流二极管芯片，通常是半桥或三相桥的结构。图 1-14-4 所示是半桥式 IGBT 模块的截面图和实物图。IGBT 和二极管芯片都焊接在隔离衬底的金属表面上，后者则焊接在铜散热底座上。绝缘衬底把硅片从模块的基座中隔离出来，同时提供了优良的导热性。

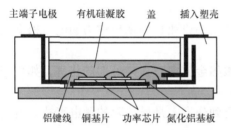

图 1-14-4 半桥式 IGBT 模块的截面图和实物图

功率模块常用的隔离衬底包括陶瓷材料如 Al_2O_3、AlN、BeO 和 SiC，通过铜瓷键合（DCB）或活性金属钎焊（AMB）将铜膜键合到两边。这些衬底材料热传导性好、隔离电压高、热膨胀系数低，改善了局部的放电能力。IGBT 和二极管芯片的顶部通过细的铝焊线与外部端子的电极相连，该模块被装在环氧树脂模壳中用硅凝胶固定，用于提供机械支撑及防止污染。

此外，栅极电阻、电流传感器或温度传感器等无源器件也可以集成到模块中。更进一步，驱动、保护和检测电路也都能被集成到功率模块中，使之变成一个智能功率模块。由于硅芯片、铝连接线、铜金属薄膜、陶瓷基板、焊点及铜底板的热膨胀系数存在差异，造成 IGBT 功率模块在生产和工作时产生热应力。

在电动机控制应用中，IGBT 模块的结温上下波动，有可能导致热机械疲劳，最终导致 IGBT 模块损坏。最近，人们开发出了各种类型的压力触点功率模块，以解决可靠性问题。在汽车动力传动系统的应用中，IGBT 模块的选择基本上是基于电压、电流、安全工作区（Safe Operating Area, SOA）、开关速度和可靠性的考虑。在任何情况下，IGBT 模块的电压、电流和结温都不能超过最大额定值。大多数纯电动、混合动力或燃料电池汽车工作在 150~300V 的直流电源母线上，然而需要考虑由寄生电感和 di/dt 引起的瞬态过电压。在这样的应用中通常使用 600V 的 IGBT 模块，以提供足够的设计余量。电流额定值的选择要确保 IGBT 和功率模块续流二极管的总功耗不会导致结温超过其最大额定值。此外，出于 SOA 考虑，负载电流和二极管反向恢复电流总和不应超过 IGBT 的最大额定电流。对于汽车驱动系统的应用，模块的选择应基于峰值负载电流，这个峰值负载电流会高出平均电流数倍，以应对不经常发生但在实际应用中会遇到的情况（如再生制动）。

（2）点火装置的IGBT

集成了集电极一栅极钳位二极管的分立IGBT（自钳位IGBT）广泛应用于内燃机汽车的点火线圈驱动器中。与传统的达林顿双极型功率晶体管相比，IGBT作为点火开关器件有许多优点，如驱动电路设计简单、内置电池反向保护和更好的SOA。

由于IGBT属于复合器件，它既具有场效应晶体管驱动功率小、开关效率高的优点，又具有晶体管的导通压降小、耐压高的优点，因而发展非常迅速。为了便于散热和安装，大于50A的IGBT一般做成模块式，目前已有将驱动电路、保护电路与IGBT集成在一个模块中的产品，称为智能功率模块。

1.15 用电安全

1.15.1 电流对人体的伤害

人体接触或接近带电体所引起的人体局部受伤或死亡的现象称为触电。根据人体受到伤害的程度不同，触电可分为电伤和电击两种。

电伤是指在电弧作用下或熔丝熔断时飞溅的金属末对人体外部的伤害，如烧伤、金属灼伤等。

电击是指电流通过人体使内部器官组织受到伤害，是最危险的触电事故。若受害者不能迅速摆脱带电体，最后会造成死亡事故。

根据大量触电事故资料的分析和实验证明，电击所引起的伤害程度由人体电阻的大小、通过人体的电流强度、电流通过人体的途径、作用于人体的电压及电流通过人体的时间长短等因素决定。

若电流流过大脑，会对大脑造成严重损伤；电流流过脊髓，会造成瘫痪；电流流过心脏，会引起心室颤动甚至心脏停止跳动。总之，以电流通过或接近心脏和脑部最为危险。通电时间越长，触电的伤害程度就越严重。

实践证明，常见的50~60Hz工频电流的危害性最大，高频电流的危害性较小。人体通过工频电流1mA时就会有麻木的感觉，10mA为摆脱电流（摆脱电流是人体可以忍受而一般不致造成不良后果的电流），人体通过50mA的工频电流时，中枢神经就会遭受损害，从而使心脏停止跳动而死亡。

人体电阻主要集中在皮肤，一般在40~80kΩ，皮肤干燥时电阻较大，而皮肤潮湿、有汗或皮肤破损时人体电阻可下降到几十欧至几百欧。根据触电危险电流和人体电阻，可计算出安全电压为36V。但电器设备环境越潮湿，安全电压就越低，在特别潮湿的场所中，必须采用不高于12V的电压。

1.15.2 触电形式

人体触电形式有单相触电、两相触电和接触触电等形式。

项目 1 电子电气基础

人体的某一部分与一相带电体及大地（或中性线）构成回路，当电流通过人体流过该回路时，即造成人体触电，这种触电称为单相触电，如图 1-15-1 所示。

a) 电源中性点搭铁　　　　　　　　　　b) 电源中性点不搭铁

图 1-15-1　单相触电

人体某一部分介于同一电源两相带电体之间并构成回路所引起的触电，称为两相触电，这种触电最危险，如图 1-15-2 所示。

电器设备由于绝缘损坏造成搭铁故障时，如果人体两个部分（手和脚）同时接触设备外壳和地面时，人体两部分存在电位差，从而造成接触触电，如图 1-15-3 所示。

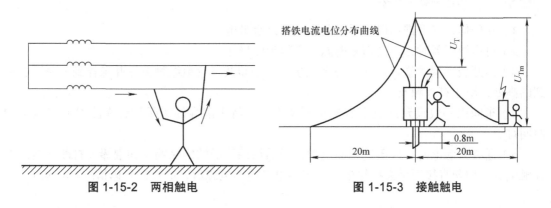

图 1-15-2　两相触电　　　　　　　图 1-15-3　接触触电

1.15.3　保护搭铁和保护接零

保护搭铁就是将电动机、变压器、金属外壳开关等电器设备的金属外壳用电阻很小的导线同搭铁极可靠地连接起来。保护搭铁适用于中性点不搭铁的低压系统中。图 1-15-4 所示为电动机保护搭铁电路。

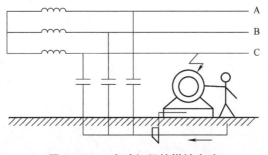

图 1-15-4　电动机保护搭铁电路

保护接零就是将电器设备的金属外壳接到零线（或称中性线）上。保护接零适用于中性点搭铁的低压系统中。图 1-15-5 所示为电动机保护接零电路。

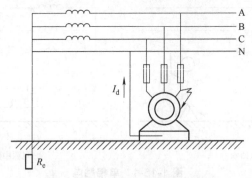

图 1-15-5　电动机保护接零电路

<u>注意：在同一电力网中，不允许一部分设备搭铁，而另一部分设备接中性线。若有人同时触到搭铁和接中性线的金属外壳，则将承受电源的相电压，非常危险。</u>

1.15.4　安全用电常识

1）在任何情况下都不得用手来鉴定导体是否带电。

2）更换熔断器时，应先切断电源，不得带电操作。

3）拆开或断裂的暴露在外部的带电接头，必须及时用绝缘物包好并悬挂到人身不会碰到的高处，防止有人触及。

4）车间内一般只允许使用 36V 的照明灯，在特别潮湿的场所只允许使用 12V 以下的照明灯。

5）遇有人触电时，应迅速切断电源，或尽快用干燥的绝缘物（如棍棒）打断电线或拨开触电者，切勿直接用手去拉触电者。当触电者脱离电源后，应根据具体情况耐心救治。

项目 2
起动充电系统

【知识目标】

（1）能够理解新能源汽车起动充电系统的作用、组成、工作原理。
（2）能够理解低压蓄电池的结构组成及工作原理。
（3）能够理解 DC/DC 变换器的结构组成及工作原理。
（4）能够掌握常见新能源汽车 DC/DC 变换器的应用与安装（单独安装或者与其他总成一起安装）。

【技能目标】

（1）能够正确利用万用表进行蓄电池静态电压的检查以及利用高效放电计检测蓄电池起动电压降。
（2）能够正确检查蓄电池电解液。
（3）能够正确更换蓄电池。
（4）能够正确检查免维护蓄电池。
（5）能够正确利用万用表进行 DC/DC 变换器电压检查。
（6）能够正确利用绝缘电阻表进行 DC/DC 变换器绝缘性能检查。
（7）能够正确进行 DC/DC 变换器的更换。
（8）作业结束后，能够正确收集、清洁和整理工具，对工位进行 7S 操作。

【素养目标】

（1）遵守工作场所的法律法规和政策，拥有高的安全意识。
（2）在需要的时候，协助他人并提供帮助。
（3）能够合理地分析和解决完成分配的任务时出现的问题。
（4）理解工作文件，报告书写清晰简洁。

2.1 起动充电系统组成原理

在纯电动汽车中,起动充电系统主要由低压蓄电池、DC/DC变换器以及相应的电路组成。

传统燃油汽车的电源是蓄电池和发电机,发动机未起动或起动时由蓄电池供电,起动后则由发电机供电,同时为蓄电池充电。

纯电动汽车低压电源供给是将动力电池的电能通过DC/DC变换为12V低压电,如图2-1-1所示,为车载12V蓄电池和车身电器提供工作电源。车身电器包括灯光、中控门锁、起动机、信息娱乐系统、电动门窗、仪表台等。DC/DC变换器在纯电动汽车上的功能就相当于发电机和调节器在传统燃油车上的功能。

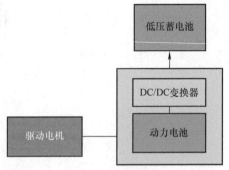

图2-1-1 DC/DC变换器为蓄电池充电

2.1.1 低压蓄电池

常用的12V低压蓄电池主要分为四类,分别为普通蓄电池、干荷蓄电池、湿荷蓄电池和免维护蓄电池。目前,汽车上使用的多数为免维护铅酸蓄电池,其由6个铅酸蓄电池单体(2V)串联成12V的电池组。

铅酸蓄电池结构如图2-1-2所示,实物如图2-1-3所示。铅酸蓄电池采用填满海绵状铅的铅基板栅(又称格子体)作负极,填满二氧化铅的铅基板栅作正极,并用密度1.26~1.33g/mL的稀硫酸作电解质。铅酸蓄电池在放电时,金属铅是负极,发生氧化反应,生成硫酸铅;二氧化铅是正极,发生还原反应,生成硫酸铅。铅酸蓄电池能反复充电、放电,在用直流电充电时,两极分别生成单质铅和二氧化铅,移去电源后,又恢复到放电前的状态,组成化学电池。

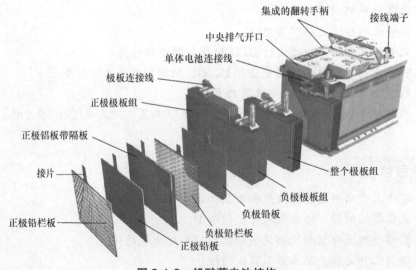

图2-1-2 铅酸蓄电池结构

项目 2 起动充电系统

a)　　　　　　　　　　　b)

图 2-1-3　铅酸蓄电池实物

2.1.2　DC/DC 变换器

（1）DC/DC 变换器结构

DC/DC 变换器工作中会产生大量的热量，外壳一般带有散热片，外部连接端子与高压控制盒的高压输入电缆相连接，产生的低压直流电通过外部的低压输出正极端子、低压输出负极端子与低压电路相连接，DC/DC 变换器工作时通过低压控制端与仪表、VCU 等系统进行通信和信息交换，保证 DC/DC 变换器与整车协调工作，如图 2-1-4 所示。

DC/DC 变换器内部结构主要分为高压输入部分、印制电路板、变压器、低压整流输出部分等。高压部分将从高压配电盒送来的高压直流电引入 DC/DC 变换器内部。印制电路板上安装 DC/DC 变换器各种元器件；变压器将高压电转变为低压电；低压整流输出电路将转变后的低压电进行整流并输出。DC/DC 变换器具有效率高、体积小、耐受恶劣工作环境的特点。

图 2-1-4　DC/DC 变换器结构

在电动汽车中，部分 DC/DC 变换器单独安装（比亚迪 e6、北汽 EV200），也有与车载充电机集成（比亚迪宋 Pro DM）或者与电机控制器集成（比亚迪秦、唐）等。

（2）电路工作原理

电动汽车的 DC/DC 变换器采用降压斩波电路，工作原理如图 2-1-5 所示，斩波电路分为 DC/AC、变压器、整流二极管和滤波电路四个部分。DC/AC 部分采用高频电路交替控制四个绝缘栅双极型晶体管（IGBT）的导通和截止，将高压直流电逆变成高压高频的交流电，其频率和占空比由高频电路的频率和控制绝缘栅晶体管的导通时间决定，该交流电经

41

过高频变压器的降压,将原来高频高压的交流电转变成高频低压的交流电,经过二极管的整流和电容器的滤波,将高频低压交流电转换成低压直流电(14V),完成电压的变换,给整车和辅助蓄电池供电。

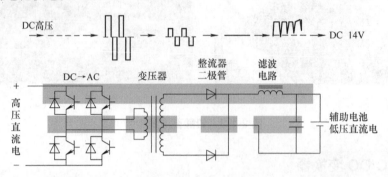

图 2-1-5　DC/DC 变换器电路(降压斩波电路)工作原理图

图 2-1-6 所示是奔驰 400 双向直流电压整流器,支持 12V 蓄电池充电(高压蓄电池→辅助蓄电池),支持实现助力效果的动力电池(12V 蓄电池→动力电池),通过 12V 充电器或其他车辆进行跨接起动(12V 蓄电池→高压蓄电池),通过电容器进行自放电。

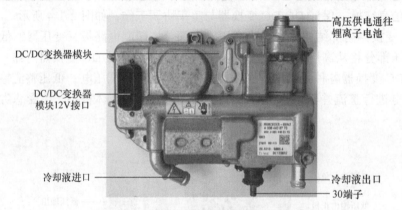

图 2-1-6　奔驰 400 双向直流电压整流器

2.2　起动充电系统检查保养 ★

2.2.1　低压蓄电池检查保养

(1)蓄电池外观检查

1)检查蓄电池外壳是否破损。

2)检查极柱是否腐蚀。

3)检查电解液是否存在渗漏等现象,若有电解液渗漏,应该更换电池。

4)晃动蓄电池电缆接头与极柱,检查电缆接头和极柱有无松动。

5)检查蓄电池表面是否有灰尘,并用蘸有清污剂的清洁布清洁蓄电池表面及极柱。

（2）蓄电池静态电压检测

万用表选择直流电压 20V 档，检测蓄电池的静态电压，电压在 12～12.6V 之间，如图 2-2-1 所示。若电压不足，则需充电后再次进行检测。

图 2-2-1　蓄电池静态电压检测

（3）蓄电池起动电压检测

用高率放电计的红色表笔接蓄电池正极，黑色表笔接蓄电池负极，检测蓄电池的起动电压降，如图 2-2-2 所示。待指针稳定，若指针处于绿色或黄色区域，如图 2-2-3 所示，说明正常。若指针进入红色区域，说明需要更换蓄电池。

图 2-2-2　用高率放电计检测蓄电池起动电压降　　图 2-2-3　高率放电计指针指向

注意：检测时间一般在 2~3s 之间，不得超过 10s，否则会烧坏高率放电计。

（4）蓄电池电解液密度检测

放电程度可以通过测量电解液的密度得到。根据经验，密度每下降 0.01g/mL 相当于蓄电池放电 6%，因此根据所测得的电解液密度就可以粗略地估算出蓄电池的放电程度。如图 2-2-4 所示，电解液密度用吸式密度计测量；电解液密度还可用冰点测试仪，YDT-4T 冰点测试仪测量电解液密度如图 2-2-5 所示。

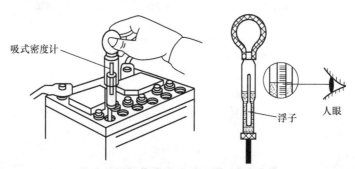

图 2-2-4　吸式密度计测量电解液密度

当蓄电池在夏季放电超过 50%、冬季放电超过 25% 时，应及时充电，否则会使蓄电池提前损坏。

根据各电池单体电解液密度的差值判断蓄电池是否失效。如果各电池单体具有相同的密度，即使密度偏低，该电池一般可以通过充电恢复其容量。如果电池单体之间的密度相差超过 0.05g/mL，说明该蓄电池失效。

（5）免维护蓄电池检查

对于免维护蓄电池，还可以通过观察"电眼"判断蓄电池是否正常，其位置如图 2-2-6 所示，观察蓄电池的"电眼"颜色，初步判断蓄电池的电量。"电眼"实际上是小型内置式密度计。当蓄电池的电量发生变化时，电解液密度会相应地变化，因而密度计会上下浮动，从而使"电眼"呈现不同的颜色：绿色表示蓄电池电量正常；黑色表示蓄电池需充电；黄色或无色表示蓄电池失效，如图 2-2-7 所示。

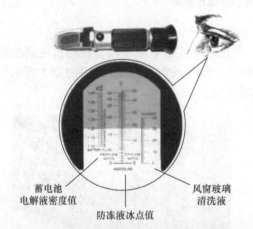

图 2-2-5　YDT-4T 冰点测试仪测量电解液密度

图 2-2-6　免维护蓄电池电眼位置

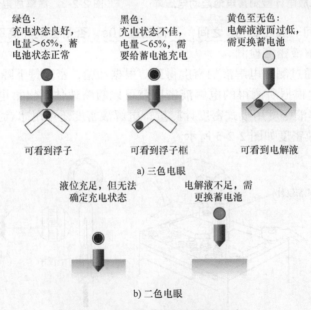

图 2-2-7　蓄电池电眼颜色状态及含义

（6）低压蓄电池的更换

若蓄电池使用时间超过3年，出现无法充电的现象，应予以更换。拆卸蓄电池时，先拆卸负极线束，再拆卸正极线束，安装时顺序相反。

注意：为保护新能源汽车电子器件免受损坏，拆装蓄电池时，应确保汽车钥匙处于OFF状态。

拆卸步骤如下：

① 将起动开关置于OFF位置，拔下钥匙。

② 先拧松蓄电池负极柱上的接线柱夹头紧固螺母，取下负极线束，再拧松蓄电池正极柱上的接线柱夹头紧固螺母，取下正极线束。

③ 拧松蓄电池固定夹板的固定螺栓，取下固定夹板。

④ 取下蓄电池，小心轻放，避免蓄电池倾斜或倒置。

⑤ 检查蓄电池壳体上有无裂纹和漏液，若发现裂纹和渗漏，应更换蓄电池。

安装步骤如下：

① 检查蓄电池型号、规格是否适合该车型使用。

② 按照蓄电池正、负极柱和正、负极线束端子的相对位置，将蓄电池安放到固定架上；清洁蓄电池正、负极柱及接线夹头。

③ 先安装蓄电池正极接线夹头，再安装负极接线夹头，并紧固夹头螺母。

④ 在正、负极柱及其接线端子上涂抹一层润滑脂，可避免正、负极柱和接线端子氧化、锈蚀。

⑤ 安装固定夹板，并拧紧夹板固定螺栓。

2.2.2 DC/DC变换器检查保养

（1）检查DC/DC变换器外观

早期部分车型DC/DC变换器是单独安装的，如北汽EV160（图2-2-8），现在国内大部分车型是与高压部件集成安装的。吉利帝豪EV450的DC/DC变换器与电机控制器集成在一起；比亚迪e2的DC/DC变换器与配电箱、车载充电机集成在高压配电总成中；2017~2018年比亚迪e5的DC/DC变换器与电机控制器、车载充电机、漏电传感器集成在高压电控总成中；2019年比亚迪e5的DC/DC变换器与车载充电机、高压配电箱集成在充配电总成中（图2-2-9）。

图2-2-8 北汽EV160 DC/DC变换器

图2-2-9 比亚迪e5 充配电总成（含DC/DC变换器）

1）检查北汽 DC/DC 变换器外观。检查外表面，保证清洁无异物，散热齿上尽可能减少杂物，保证散热时风道畅通，必要时清洁外表面。目测检查 DC/DC 变换器外壳有无明显变形、碰撞痕迹。

2）检查 2019 年比亚迪 e5 的 DC/DC 变换器外观。由于 2019 年比亚迪 e5 的 DC/DC 变换器集成在配电总成中，外观检查时可检查充配电总成外壳有无明显变形、碰撞痕迹。

注意：在对电动汽车高压部件（含 DC/DC 变换器）进行维护之前，一定要做好高压安全防护准备。

（2）检查 DC/DC 变换器连接线束

检查 DC/DC 变换器各连接线束有无破损、裂纹、高低压接线端子连接是否牢靠，无松动，如图 2-2-10 所示。

图 2-2-10　检查 DC/DC 变换器连接线束

（3）检查 DC/DC 变换器紧固螺栓

检查 DC/DC 变换器紧固螺栓有无锈蚀，紧固力矩是否符合规定。

2.3　DC/DC 变换器检测维修★★

（1）检查 DC/DC 变换器输出电压

1）将点火开关置于 OFF 档，断开所有用电器并拔出钥匙。

2）按压低压蓄电池锁压件，打开盖板并裸露出蓄电池正极。

3）使用数字万用表电压档测量低压蓄电池电压，并记录数值，如图 2-3-1 和图 2-3-2 所示。

图 2-3-1　整车上电前测量低压蓄电池电压　　图 2-3-2　整车上电后测量低压蓄电池电压

4)将点火开关置于 ON 档,整车上电,继续读取万用表数值,查看变化情况(车内用电器关闭),这时所测的这个电压值是 DC/DC 变换器输出的电压。若在整车上电后且关闭车内用电设备的情况下,检测 DC/DC 变换器输出电压,应在 13.5~14V 范围内。

(2)检测 DC/DC 变换器的绝缘性能

检查 DC/DC 变换器的绝缘性能,需使用绝缘电阻表测量高压部件的高压接口绝缘电阻值。将绝缘电阻表负表笔与电缆外壳或车身搭铁点充分有效连接,正表笔分别测量端子 A、端子 B,单击测试键进行读数,测得绝缘电阻,与标准值进行比较,判断其绝缘性能是否正常,如图 2-3-3 所示。

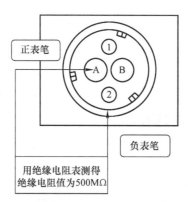

图 2-3-3　检测 DC/DC 变换器的绝缘性能

A—电源负极　B—电源正极　1—互锁信号输入　2—互锁信号输出

(3)DC/DC 变换器的更换

1)关闭所有用电器,关闭起动开关。拆卸手动维护开关,断开蓄电池负极接线柱。

2)拆卸电机控制器上护板。排放电机控制系统冷却液,拆卸膨胀箱总成。

3)断开 DC/DC 变换器连接插头①②(图 2-3-4)。

4)旋出搭铁线束固定螺栓(箭头),脱开 DC/DC 变换器连接线束固定螺栓罩盖①(图 2-3-5)。螺栓拧紧力矩:(8±2)N·m。

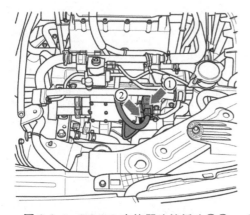　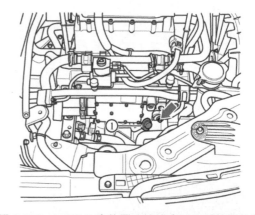

图 2-3-4　DC/DC 变换器连接插头①②　　**图 2-3-5　DC/DC 变换器连接线束固定螺栓罩盖①**

5)松开固定卡箍①,脱开与 DC/DC 变换器连接水管②,然后旋出 DC/DC 变换器线束连接固定螺栓③(图 2-3-6)。螺栓③拧紧力矩:(24±3)N·m。

6）旋出 DC/DC 变换器固定螺栓（箭头），取出 DC/DC 变换器①（图 2-3-7）。螺栓拧紧力矩：（22±2）N·m。

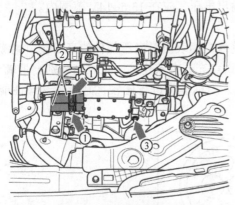 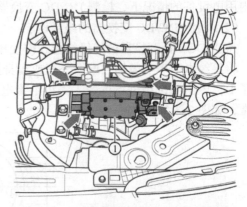

图 2-3-6　固定卡箍①、连接水管②、线束连接固定螺栓③

图 2-3-7　固定螺栓、DC/DC 变换器①

安装顺序以倒序进行。

项目 3

照明系统

【知识目标】

（1）能够理解照明系统的作用、组成及原理。
（2）能够掌握各灯光的具体功用以及安装位置。
（3）能够了解 LED 照明系统的特点及原理。

【技能目标】

（1）能够正确进行车灯操作以及检查。
（2）能够正确进行前照灯光束调整。
（3）能够正确进行前照灯、尾灯灯泡拆装操作。
（4）能够正确进行前照灯总成（前组合灯）的拆装操作。
（5）能够正确查询前照灯控制电路图。
（6）能够正确进行尾灯总成（后组合灯）的拆装操作。
（7）能够正确查询尾灯（制动灯、倒车灯）控制电路图。
（8）能够正确进行灯光组合开关拆装及电路检测。
（9）能够对近光灯不工作，远光灯、倒车灯不工作等故障进行诊断与分析，对相关线束、插接器、端子、部件引发的故障进行检修。
（10）作业结束后，能够正确收集、清洁和整理工具，对工位进行7S操作。

【素养目标】

（1）遵守工作场所的法律法规和政策，拥有高的安全意识。
（2）在需要的时候，协助他人并提供帮助。
（3）能够合理地分析和解决完成分配的任务时出现的问题。
（4）理解工作文件，报告书写清晰简洁。

3.1 照明系统总体构成

照明系统是为提高汽车在黑夜、恶劣天气及复杂交通状况下的行车安全而设置的。照明系统由电源、控制部分及照明装置等组成。控制部分包括各种灯光开关、继电器等,吉利帝豪 EV450 照明系统如图 3-1-1 所示,可分为室外照明装置(前组合灯总成、后组合灯总成、后雾灯总成、侧转向灯总成、高位制动灯总成)和室内照明装置(杂物箱灯、前排阅读灯、行李箱灯、车门灯、后排阅读灯、牌照灯)。前组合灯(远光灯、近光灯、前转向信号灯、前位置灯)和后组合灯(转向灯、制动灯、倒车灯、后位置灯)如图 3-1-2 所示。

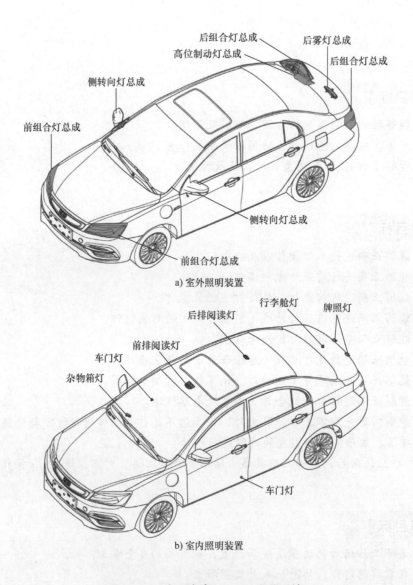

a) 室外照明装置

b) 室内照明装置

图 3-1-1 吉利帝豪 EV450 照明系统

项目 3 照明系统

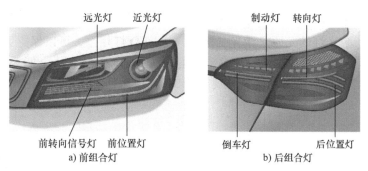

a) 前组合灯　　　　　　　　　b) 后组合灯

图 3-1-2　吉利帝豪 EV450 前、后组合灯

3.1.1　前照灯组成与原理

前照灯俗称大灯或头灯，主要由灯泡、反射镜和配光镜三部分组成。

（1）灯泡

前照灯灯泡最初使用较多的卤素灯已逐渐被氙气灯、LED 灯、激光灯等替代。

1）卤素灯。卤素灯是一种新型白炽灯，如图 3-1-3 所示。制造时，将灯泡内的空气抽出，并充入某种卤素（如碘、溴、氯等）。工作时，利用卤钨再生循环反应延长灯泡的使用寿命。

2）氙气灯。氙气灯也称高压气体放电灯，主要由石英灯泡、升压器和电子控制单元组成，如图 3-1-4 所示。其原理是在抗紫外线水晶石英玻璃管内，以多种化学气体填充，其中大部分为氙气、碘化物等。升压器（安定器）可将汽车上的 12V 直流电瞬间升至 23000V，激发石英玻璃管内的氙气电离，在两电极之间产生光源，这就是气体放电。氙气灯亮度是卤素灯的 3 倍以上，使用寿命是卤素灯的 10 倍以上，因此得到了更为广泛的应用。

图 3-1-3　卤素灯

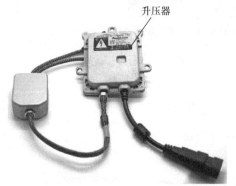

图 3-1-4　氙气灯

3）LED 灯。LED（Light Emitting Diode）即发光二极管，如图 3-1-5 所示。LED 灯的能耗仅为卤素灯的 1/20，寿命能达到 50000h 的水平，结构简单，抗冲击性、抗振性非常好，不易破碎，能够很好地适应各种环境。LED 前照灯只需低压直流电即可驱动，负载小、

干扰弱、亮度高,但目前制造成本较高。

4)激光灯。激光灯的光源是激光二极管,与 LED 灯相比,可以保持更好的不发散性。激光前照灯比 LED 前照灯照明亮度更高,照射距离更远,体积更小,能耗更低,使用寿命更长,但制造成本更高。激光前照灯外观如图 3-1-6 所示,激光产生原理如图 3-1-7 所示。

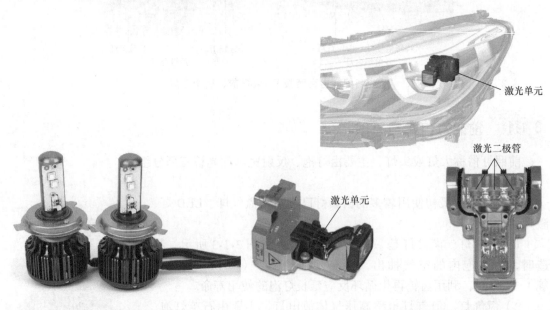

图 3-1-5　LED 灯　　　　　　图 3-1-6　激光前照灯外观

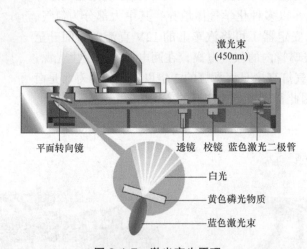

图 3-1-7　激光产生原理

(2)反射镜

反射镜的作用是将灯泡的光线聚合并导向前方。

位于反射镜焦点上的灯丝产生的绝大部分光线向后射在立体角范围内,经反射镜反射后变成平行光束射向远方,使光度增强几百倍甚至上千倍,从而能使车前 150m 以上的路面照得足够清楚。一个装有 45～60W 灯泡的前照灯,如果不使用反射镜,只能照亮车前 6m 左右的路段,加装反射镜后,能照亮车前 100～150m 的路段。

(3) 配光镜

配光镜又称散光玻璃。它用透光玻璃压制而成,是多块特殊的棱镜和透镜的组合。外形一般为圆形和矩形,其作用是将反射镜反射出的平行光束进行折射,使车前路面具有良好而均匀的照明。目前汽车的组合前照灯常将反射镜和配光镜合为一体,既能起到反光作用,又能起到配光作用。

3.1.2　LED 照明系统

丰田 2008 款雷克萨斯 LS600Ch 是率先部分应用 LED 前照灯的车型。随后奥迪 R8 车型又推出了全 LED 前照灯,第一时间使 LED 前照灯所有功能变成现实。由于 LED 光源体积非常小,使灯内布局更随意,LED 可采用多光源组合形式,这将完全改变汽车前照灯的形状和布置方式。

(1) 普通 LED 前照灯

奥迪 A6L(C7)LED 照明系统的 LED 前照灯总成是用发光二极管(LED)作为光源的,如图 3-1-8 所示。一个 LED 前照灯共有 78 个发光二极管并带有散热片。前照灯内部集成有一个风扇,用于防止电子元件过热。

图 3-1-8　奥迪 A6L LED 前照灯

根据前照灯的功能情况,使用了反射镜或者投射模块。日间行车灯/驻车灯和转向灯使用厚壁型光学件,以便能获得均匀的灯光形状。

1) 日间行车灯/驻车灯。日间行车灯/驻车灯由 24 个发光二极管组成,由脉冲宽度调制信号来触发。使用驻车灯功能时,灯泡亮度会降低一些。

2) 转向灯。转向灯使用 24 个黄色发光二极管。在闪光过程中,日间行车灯的发光二极管就关闭。

3) 近光灯。在近光灯工作时,带有总共 14 个发光二极管的 9 个投射模块被激活,日间行车灯的发光二极管变暗至驻车灯状态。

4) 远光灯。在远光灯工作时,除了近光灯和驻车灯的发光二极管亮以外,还会激活 3 组 1×4 发光二极管芯片。远光灯是通过远光灯拨杆或者远光灯辅助系统来激活的。

(2) 矩阵式 LED 前照灯

矩阵式 LED 前照灯由多个 LED 灯组成,如图 3-1-9 所示。单个 LED 发光元件均可单独打开、调暗和关闭,在数量足够的情况下,矩阵式 LED 前照灯甚至能组合上百万种组合灯光。矩阵式 LED 前照灯是现阶段豪华汽车品牌在高端车型上的主流灯光配置,奥迪 A8L 是第一款搭载该装备的车型。

矩阵式 LED 前照灯使用矩阵光柱(Matrix Bean)技术。使用该系统可免除驾驶人夜间行车时不停地变光的麻烦,就是说该系统可承担自动变光任务。矩阵光柱远光灯光束由 25 个光段(这些光段相互重叠在一起)组成。

当识别出道路上有别的车辆时,可以只把此时导致别人目眩的那部分远光灯光段关闭,无论是针对前行车辆还是对向来车均可执行这种操作。这种技术的一个突出优点是,其余那部分远光灯光段(此时并未引起别人目眩的那部分)仍然以远光灯状态照亮着道路。

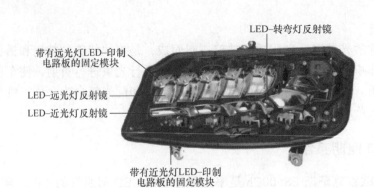

图 3-1-9 矩阵式 LED 前照灯

前行车辆和对向来车是由摄像头控制单元来识别的。摄像头控制单元内的图像处理软件通过搜寻别的车辆的尾灯或者前照灯来识别车辆。若识别出车辆，就可确定它与本车的角度和距离，这些数据随后就会被传至矩阵光柱控制单元。矩阵光柱控制单元计算出哪些远光灯光段可以接通以及哪些远光灯光段必须关闭，避免其他车辆驾驶人目眩。这些信息会被传至奥迪矩阵式 LED 前照灯内的功率模块，功率模块会对远光灯的 LED 进行相应的操控。

奥迪矩阵式 LED 前照灯的近光灯采用非对称型光束（光锥），道路边缘被照亮得更宽，因此能更快地识别出潜在的危险。与此同时，道路中间被照亮的距离比较短，因为此时最重要的是要避免使对向来的车辆驾驶人目眩。

奥迪矩阵式 LED 前照灯的近光灯采用 15 个 LED。近光灯光束（光锥）可以照到紧靠车辆的前部区域和再往前的区域，后者中的光束也含有不对称的成分。照到紧靠车辆的前部区域的光束由 9 个 LED 负责产生，照到再往前的区域的光束由 6 个 LED 负责产生。

3.2 前照灯、尾灯系统检查保养★

3.2.1 车灯气密性、清洁度检查与保养

（1）检查前照灯的密封性

前照灯内若有水蒸气侵入，将会缩短灯泡的使用寿命，因此应对前照灯的密封性进行检查。若发现配光镜和反射镜之间的密封圈损坏，应及时更换。

（2）清洁反射镜

半封闭式前照灯的反射镜变黑，光度减小时，应予更换。如果只是反射镜上有灰尘，可不更换而是用压缩空气吹净。对无法吹净的反射镜，若其反射镜镀层材料是镀铬的，由于硬度较高，可用麂皮巾蘸无水酒精由反射镜内部向外呈螺旋形轻轻地仔细擦拭。如果反射镜是镀银、镀铝的，由于其硬度较差，清洁时，只能用清洁的棉花蘸热水进行清洗，绝不能擦拭，以免损坏反射镜镀层。

有的反射镜表面预涂了一层薄而透明的保护膜，清洁时注意不要破坏。如果反射镜经常脏污，说明密封圈损坏，必须更换。擦拭或清洗反射镜后，一定要晾干再装复，并检查安装位置是否正确。

（3）清洁灯泡

卤素灯泡上有灰尘时，可用浸有酒精的脱脂棉进行擦洗。不要在车灯刚熄灭、灯泡尚有余热的情况下进行擦洗。清洁后应晾干而不是擦干，也不要用手或抹布接触灯泡后，立即接通电源，否则会失去光泽甚至无法复原。

3.2.2 灯光检查与操作

灯光检查及操作相关事项如下：

1）检查灯光组合开关（图3-2-1）各转换档之间有无明显的阻尼感。

2）检查远/近光灯、位置灯、制动灯、转向灯、雾灯等是否能正常工作。将点火开关旋至ON后，检查车灯发光和闪烁是否正常。用镜子检查或两人配合检查车外的灯光。车外人员观察灯光的好坏；车内人员负责操作灯光的调节以及检查仪表对应的指示灯的好坏。灯光功能及操作说明见表3-2-1。

3）检查前照灯高度调整开关（图3-2-2）转换档之间是否有阻尼感，同时观察是否能正常调整前照灯光束。

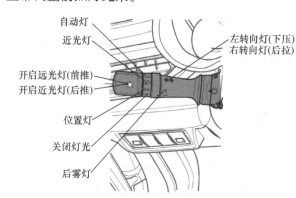

图3-2-1 组合灯开关

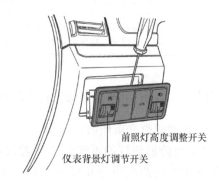

图3-2-2 仪表背景灯调节开关和前照灯高度调整开关

表3-2-1 灯光功能及操作说明

功能	操作说明
远/近光灯	远近光灯由转向柱左侧的多功能操纵杆（灯光组合开关）控制。将操纵杆向前推离驾驶人直到听到"咔哒"声，即从近光变为远光。在前灯远光接通时，组合仪表总成上的指示灯启亮。将操纵杆朝驾驶人方向拉回，则从远光变为近光。如果继续朝驾驶人方向拉仍可以从近光变为远光，不过当手松开时，操纵杆会自动回到近光位置
自动灯光	操作起动开关使电源模式至ON状态，车灯开关手柄中的前照灯旋钮处于AUTO档时，如果BCM接收到的环境光度传感器的信息为接通状态（光线较暗），则BCM接通位置灯和前照灯继电器，并点亮位置灯或前照灯
位置灯和转向信号灯	将照明开关旋至第一个位置即可启亮位置灯。操作起动开关使电源模式至OFF状态即可关闭位置灯。转向信号灯由转向柱左侧的灯开关控制。往上或往下拨动操纵杆（超过止动点）将启亮前后和侧转向信号灯。在转弯结束后，操纵杆返回水平位置，转向信号灯停止闪亮

(续)

功能	操作说明
雾灯	车辆未配备前雾灯,仅配有后雾灯,后雾灯开关位于转向柱左侧的多功能操纵杆上。当使用后雾灯时,必须先开启近光或远光灯,并转动多功能操纵杆至后雾灯档位,仪表上的指示灯启亮,指示后雾灯已经接通,关闭后雾灯,同时指示灯熄灭
后组合灯	后位置灯、制动灯和转向信号灯为一个总成,后雾灯和倒车灯为一个总成,接通位置灯时启亮后位置灯。中央高位制动灯位于后风窗中,踩下制动踏板时启亮
前照灯未关提醒蜂鸣器	当前照灯开关处于前照灯接通或位置灯接通位置时,同时操作起动开关使电源模式不在ACC(附件)、ON(接通)或START(起动)位置,此时BCM监测驾驶人车门状态,如果左门打开,BCM将使蜂鸣器鸣响
倒车灯	倒车灯位于后保险杠上,当变速杆处于倒档时将启亮。倒车灯由BCM发出指令操纵亮起和关闭
牌照灯	牌照灯在前照灯或位置灯启亮时点亮。牌照灯安装在牌照板上方
跟随回家灯光功能	起动开关从ON调整到OFF档10min内,在2s内旋转灯光开关从OFF位置转到位置灯,或前照灯位置,或自动灯位置,再回到OFF位置,跟随回家灯光功能被激活,近光灯延时点亮30s
迎宾灯	打开左前门,左前门迎宾灯启亮,打开右前门,右前门迎宾灯启亮,10min后若仍未关,迎宾灯熄灭。操作起动开关使电源模式至OFF状态,且所有的门都关闭,迎宾灯熄灭

3.2.3 前照灯光束检测标准及调整方法

(1)前照灯光束照射技术要求

1)检验前照灯的近光光束照射位置时,前照灯在距离屏幕10m处,光束明暗截止线转角或中点的高度应为$0.6H \sim 0.8H$(H为前照灯基准中心高度),其水平方向位置向左向右偏差均不得超过100mm。

2)四灯制前照灯远光单光束在屏幕上光束中心离地高度为$0.85H \sim 0.90H$,水平位置要求左灯向左偏不得大于100mm,向右偏不得大于170mm;右灯向左或向右偏均不得大于170mm。

3)装用远光和近光双光束灯的,以调整近光光束为主,对于只能调整远光单光束的前照灯,调整远光单光束。

4)前照灯的远光光束发光强度均应达到国家相关标准的要求,测试时,其电源系统应处于充足电状态。

前照灯主要用于汽车夜间行驶照明,它的亮度和照射方向对于行车安全是至关重要的。夜间所有前照灯同时照明时,应具有能使驾驶人看清前方100m距离以内交通障碍物的性能,照明光束应对准汽车的前进方向,主光轴方向应该适当偏下。

(2)前照灯光束的调节

1)设备和场地准备。

①工具:十字螺丝刀或内六角扳手,卷尺或激光测距仪(电子尺)。

②场地:暗环境场地应当水平且平整,大小应能保证汽车驶入,前照灯基准中心与屏

幕至少相距 10m。

③ 测试屏幕：厚白纸或白墙（为便于观察光形，测试屏幕的宽度应比车宽 ≥ 22cm）。

2）灯光车辆准备。

① 胎压应按照整车技术条件规定的满载压力充气。

② 补足油液，备齐测试车辆所有的附件和工具（备胎、工具等）。

③ 在驾驶人座椅上放置 75kg 载荷。

④ 测量之前，车辆应处于自然静止状态，车辆先向后行驶至少一个车轮圆周距离，然后向前行驶同样距离。

⑤ 保证车灯外面罩干净。

⑥ 起动车辆。

3）灯光测量。

① 将车辆停放如图 3-2-3 所示，前照灯基准中心与屏幕距离 L 为 10m。

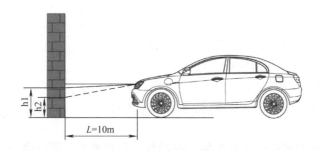

图 3-2-3　车辆停放位置与屏幕距离

② 对于手动调节灯光高度的车辆，应将高度调节开关打到"0"档位。

③ 屏幕画 O 线、A 线、A1 线、A2 线、B 线、B1 线、B2 线，其中 O 线、A 线、B 线形成的测试屏幕俯视图如图 3-2-4 所示。

O 线：在测试屏幕中心画一根与车辆中心对齐的铅垂线。

A 线：在 O 线左侧画一根与其平行的线，与 O 线的距离 673.3mm（近光）/514.25mm（远光）（红色实线）。

A1 线：在 A 线左侧画一根与其平行的线，与 A 线的距离 170mm（红色虚线）。

A2 线：在 A 线右侧画一根与其平行的线，与 A 线的距离 350mm（红色虚线）。

B 线（近光）：在 O 线右侧画一根与其平行的线，与 O 线的距离 673.3mm（近光）/514.25mm（远光）（红色实线）。

B1 线：在 B 线左侧画一根与其平行的线，与 B 线的距离 170mm（红色虚线）。

B2 线：在 B 线右侧画一根与其平行的线，与 B 线的距离 350mm（红色虚线）。

④ 屏幕上画 h1 线、h2 线。

h1 线：画出与地面平行的水平线，与地面距离 679mm（近光）/820mm（远光）。

h2 线：画出与地面平行的水平线，与地面距离 429mm（近光）/576mm（远光）。

⑤ 完成所有线后形成测试屏幕正视图（图 3-2-5）的粗线框。

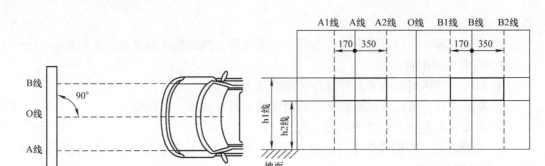

图 3-2-4　测试屏幕（俯视）　　　　图 3-2-5　测试屏幕（正视）

4）灯光调整。

近光灯的调整步骤如下：

a. 打开近光灯。

b. 调节左侧灯光：将十字螺丝刀或内六角扳手插入近光调光口，旋转前组合灯调光手柄①（图 3-2-6）对前照灯（近光灯）进行水平（左右）方向的调节；旋转前组合灯调光手柄②对前照灯（近光灯）进行高度（上下）方向的调节。

c. 调节右侧灯光：右侧灯光的调整方法与左侧灯光一致。

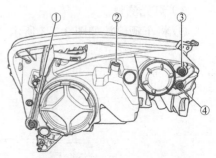

图 3-2-6　前组合灯调光手柄

注意：为了便于观察灯光调整效果，在调整一侧灯光时，可以将另一侧灯光进行遮挡。

d. 要求近光灯光源明暗截止线转折点位于方框内，调整完成。调整完成后，左右侧灯光高度应当保持一致，如图 3-2-7 所示。

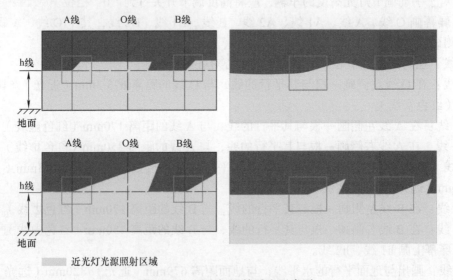

图 3-2-7　近光灯调整后光形类型

对于可以单独调节的远光灯，操作步骤如下：

a. 打开远光灯。

b. 调节左侧灯光：将十字螺丝刀或内六角扳手插入远光调光口，旋转前组合灯调光手柄③（图 3-2-6）对前组合灯进行高度（上下）方向的调节；旋转前组合灯调光手柄④对前组合灯进行水平（左右）方向的调节。

c. 调节右侧灯光：右侧灯光的调整方法与左侧灯光一致。

注意：为了便于观察灯光调整效果，在调整一侧灯光时，可以将另一侧灯光进行遮挡。

d. 要求远光发光最亮的点落入方框内，调光完成。调试完成后，左右侧灯光高度应当保持一致，如图 3-2-8 所示。

注意：近远光调整完成后，应保证远光最亮的点高于近光明暗截止线转折点，如图 3-2-9 所示。

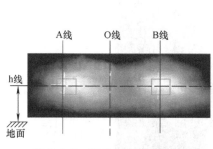

图 3-2-8　近光灯调整后光型

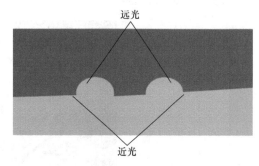

图 3-2-9　远光最亮的点高于近光明暗截止线转折点

3.2.4　前照灯灯泡更换

下面以近光灯的更换为例介绍前照灯灯泡的更换，其步骤如下：

① 打开前机舱盖，找到前照灯盖帽并打开（图 3-2-10）。

图 3-2-10　打开前照灯盖帽

② 拆卸前照灯电源线（图 3-2-11）。

③ 松开灯座卡扣（图 3-2-12）。

图 3-2-11 拆卸前照灯电源线

图 3-2-12 松开灯座卡扣

④ 逆时针转动灯泡座（图 3-2-13）。

图 3-2-13 逆时针转动灯泡座

⑤ 取出灯泡（图 3-2-14）。

图 3-2-14 取出灯泡

安装：安装灯泡时，凸舌要对准灯泡座，不可用手摸灯泡前部。

3.2.5 尾灯灯泡更换

不同车型的更换方法不同，有的车型需要拆卸尾灯总成进行灯泡的更换，有的不需要拆卸，在尾灯总成后部就可以更换！下面以制动灯的更换为例介绍尾灯灯泡的更换。

尾灯灯泡更换步骤如下：

① 打开行李舱盖,切断车辆电源,清理行李舱。
② 拆下车灯背部的防尘板便可看到灯座。
③ 按住灯泡后部手柄将其拧下,取出旧的制动灯泡,如图 3-2-15 所示。

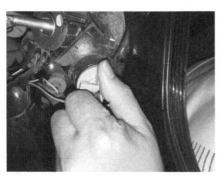 

图 3-2-15　按住手柄拧出制动灯泡

3.3　前照灯、尾灯检测维修★★

3.3.1　前照灯总成(前组合灯)拆装

前照灯灯泡更换步骤如下:
① 断开蓄电池负极电缆。
② 拆卸前保险杠。
③ 断开前照灯线束插接器(图 3-3-1)。
④ 拆卸前照灯 4 个固定螺栓(图 3-3-2),取下前照灯总成。

 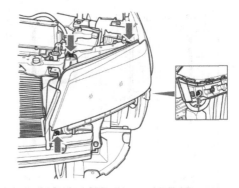

图 3-3-1　断开前照灯线束插接器　　图 3-3-2　前照灯 4 个固定螺栓

安装:可按与拆卸相反的顺序进行。

3.3.2　前照灯工作电路检测

(1)正确查询前照灯控制电路图

吉利帝豪 EV450 前照灯控制电路图如图 3-3-3 和图 3-3-4 所示。

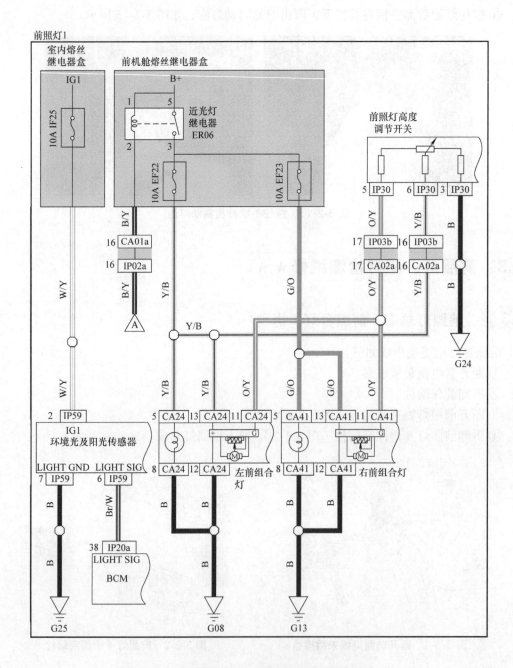

图 3-3-3 吉利帝豪 EV450 前照灯控制电路图（一）

项目 3 照明系统

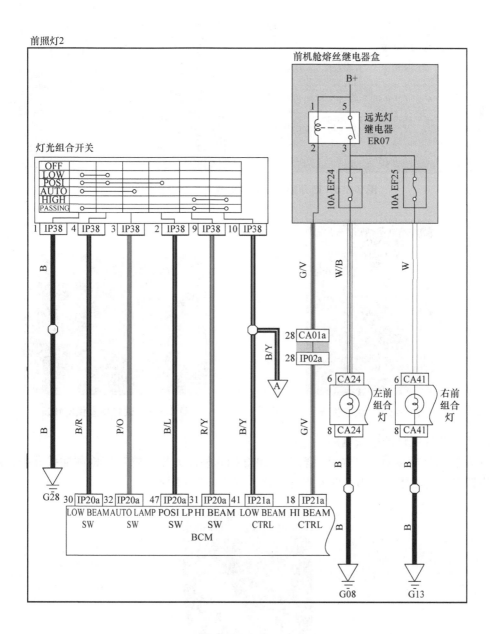

图 3-3-4 吉利帝豪 EV450 前照灯控制电路图（二）

（2）检测前照灯的供电电路

断开前照灯插接器，灯光开关转至前照灯档（图 3-3-5）。如图 3-3-6 所示，使用万用表 20V 直流电压档检测插接器供电和搭铁端的电压，标准电压应为蓄电池电压。

也可使用试灯检查供电情况，如图 3-3-7 所示，试灯测头接触插接器供电端子，负极夹子夹在搭铁上，试灯应点亮。

图 3-3-5 断开插接器并将灯光开关转至前照灯档

图 3-3-6 供电检查　　　　图 3-3-7 试灯检查供电情况

（3）检测前照灯的搭铁电路

断开前照灯插接器，灯光开关转至前照灯档。使用万用表蜂鸣档检测插接器搭铁端和车身搭铁之间的电阻，万用表应发出蜂鸣声，如图 3-3-8 所示。

图 3-3-8 搭铁电路检测

3.3.3 尾灯总成（后组合灯）拆装

尾灯总成（后组合灯）的更换步骤如下：
1）断开蓄电池负极电缆。

2）使用车身修理专用工具拆卸行李舱装饰板。
3）取出后围内装饰板侧面4个卡扣①，脱开后围内装饰板上侧4个卡扣②（图3-3-9）。
4）取出行李舱左侧装饰板4个固定卡扣（图3-3-10）。
5）取下行李舱侧装饰板。

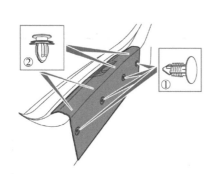 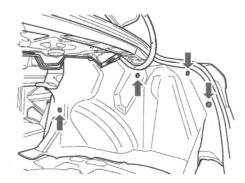

图 3-3-9　取出后围内装饰板侧面卡扣①、卡扣②　　图 3-3-10　取出行李舱左侧装饰板固定卡扣

6）断开后组合灯线束插接器（图3-3-11）。

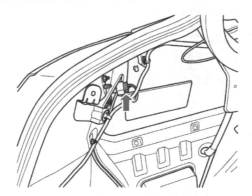

图 3-3-11　断开后组合灯线束插接器

7）拆卸后组合灯3个固定螺母（图3-3-12）。
8）取出后组合灯（图3-3-13）。

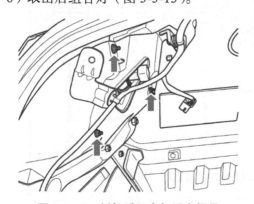 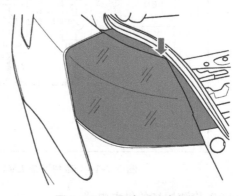

图 3-3-12　拆卸后组合灯固定螺母　　　　　　图 3-3-13　取出后组合灯

3.3.4 尾灯工作电路检测

（1）正确查询尾灯控制电路图

吉利帝豪 EV450 制动灯、倒车灯控制电路图如图 3-3-14 所示。

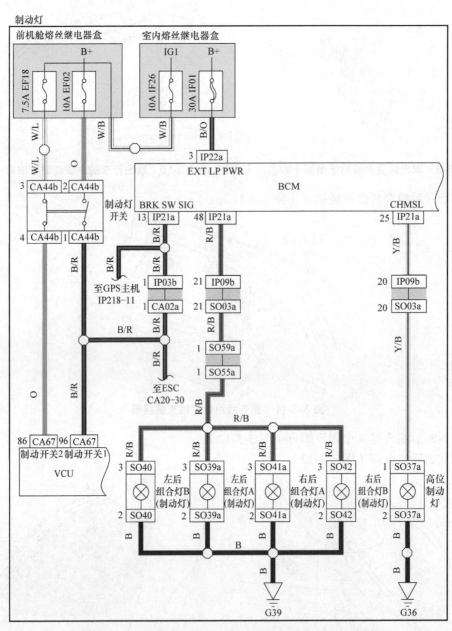

图 3-3-14　吉利帝豪 EV450 制动灯、倒车灯控制电路图

（2）检测尾灯的供电电路

下面以制动灯为例进行尾灯电路检测。取下制动灯泡（图 3-3-15），踩下制动踏板。

试灯检查供电。踩住制动踏板。用试灯一端搭铁，另一端接制动灯的电源电压。若试灯亮，则说明制动灯控制线 12V 电源有供电，如图 3-3-16 所示。

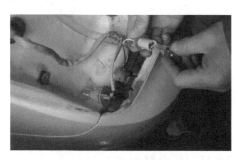

图 3-3-15 取下制动灯泡

图 3-3-16 试灯检查供电（制动灯）

3.3.5 灯光组合开关拆装及电路检测

（1）灯光控制开关（灯光组合开关）拆装

1）断开蓄电池负极，90s 后，拆卸驾驶人气囊。

2）拆卸转向盘固定螺母（图 3-3-17）。

3）拆卸转向柱上、下护板。

4）断开螺旋电缆线束插接器，脱开螺旋电缆固定卡扣（图 3-3-18），取下螺旋电缆。

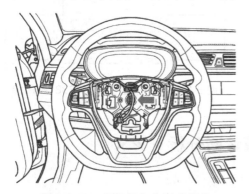

图 3-3-17 拆卸转向盘固定螺母

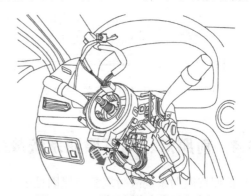

图 3-3-18 脱开螺旋电缆固定卡扣

5）断开灯光组合开关和刮水器及洗涤器开关 2 个线束插接器（图 3-3-19）。

6）将开关外壳顶部的凸舌按下，拆卸刮水器及洗涤器开关（图 3-3-20）。

7）拆卸灯光组合开关的两个固定螺钉①，取下灯光组合开关②（图 3-3-21）。

图 3-3-19 断开灯光组合开关和刮水器及洗涤器开关线束插接器

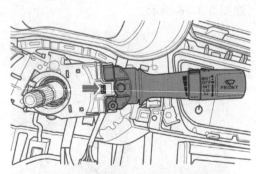
图 3-3-20 拆卸刮水器及洗涤器开关

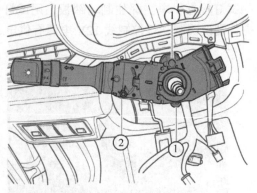
图 3-3-21 拆卸灯光组合开关

（2）灯光组合开关控制电路检测（以控制近光灯工作电路为例）

1）测量灯光组合开关 IP38 端子 1 与车身之间的电阻。断开灯光组合开关 IP38。测量灯光组合开关 IP38 端子 1（图 3-3-22）和车身搭铁之间的电阻。

电阻标准：小于 1Ω。

2）测量灯光组合开关 IP38 端子 10 的电压。测量灯光组合开关线束插接器 IP38 端子 10（图 3-3-23）的电压。

电压标准：11~14V。

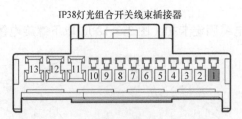
图 3-3-22 灯光组合开关 IP38 端子 1

图 3-3-23 灯光组合开关 IP38 端子 10

3.4 前照灯、尾灯照明系统故障诊断分析 ★★★

前照灯照明系统故障现象及原因见表 3-4-1。

表 3-4-1 前照灯照明系统故障现象及原因

故障描述	可能发生的部位
近光灯不亮（一侧）	① 左近光灯熔丝或右近光灯熔丝 ② 灯泡 ③ 近光灯电路
近光灯不亮（两边都不亮）	① 左近光灯熔丝和右近光灯熔丝 ② 灯泡 ③ 组合开关控制电路 ④ 近光灯电路 ⑤ 继电器控制模块

项目 3 照明系统

（续）

故障描述	可能发生的部位
远光灯不亮（一边）	① 左远光灯熔丝或右远光灯熔丝 ② 灯泡 ③ 远光灯电路 ④ 继电器控制模块
远光灯不亮（两边都不亮）	① 左远光灯熔丝和右远光灯熔丝 ② 灯泡 ③ 组合开关控制电路 ④ 远光灯电路 ⑤ 继电器控制模块
灯光昏暗（亮度不够）	① 蓄电池电压 ② 近光灯灯泡 ③ 远光灯灯泡 ④ 线束

3.4.1 近光灯不工作故障诊断

吉利帝豪 EV450 近光灯工作电路简图如图 3-4-1 所示。

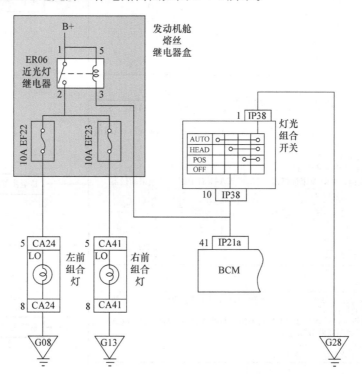

图 3-4-1 吉利帝豪 EV450 近光灯工作电路简图

吉利帝豪 EV450 近光灯不工作诊断步骤如图 3-4-2 所示。

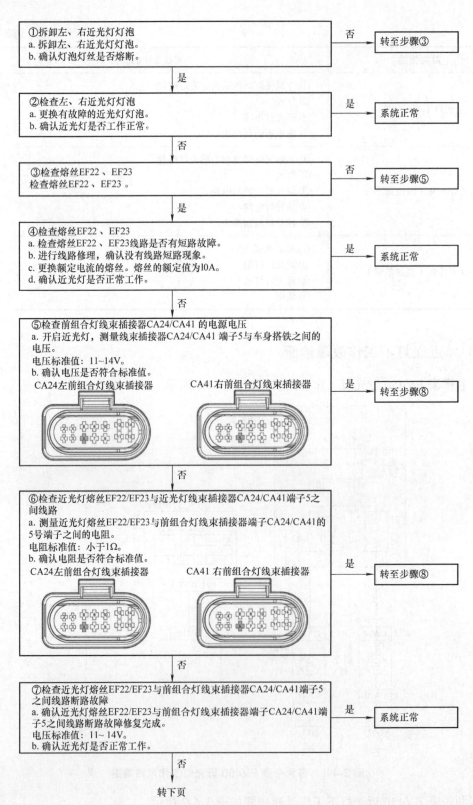

项目3 照明系统

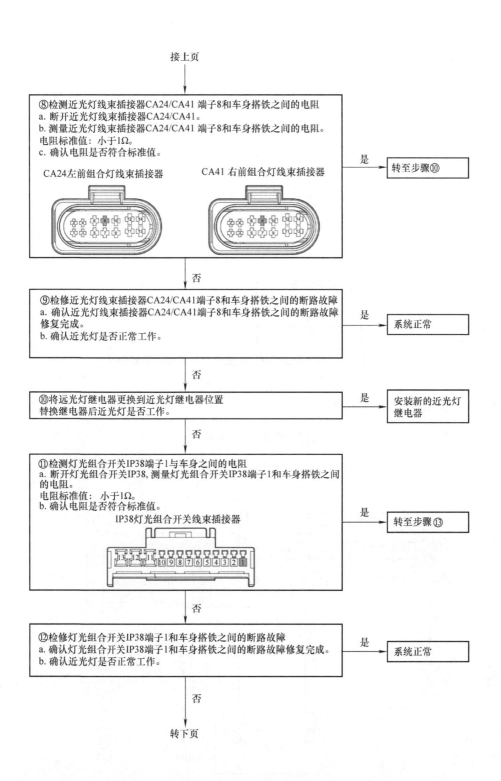

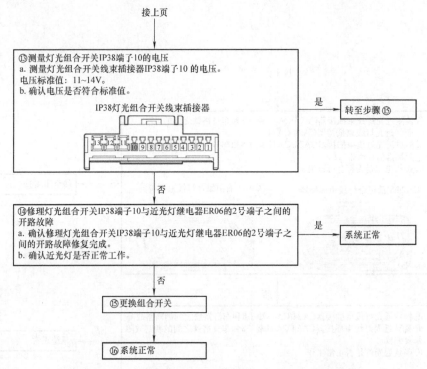

图 3-4-2 吉利帝豪 EV450 近光灯不工作诊断步骤

3.4.2 远光灯不工作故障诊断

吉利帝豪 EV450 远光灯工作电路简图如图 3-4-3 所示。

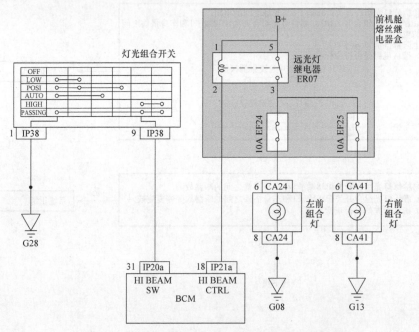

图 3-4-3 吉利帝豪 EV450 远光灯工作电路简图

项目 3 照明系统

吉利帝豪 EV450 远光灯不工作诊断步骤如图 3-4-4 所示。

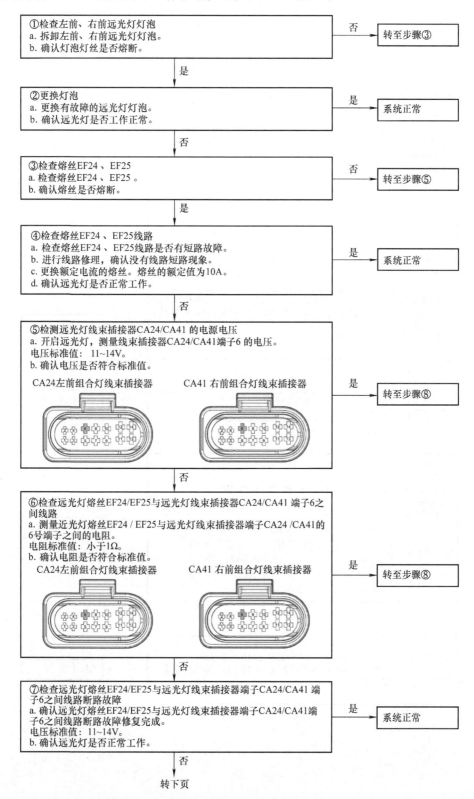

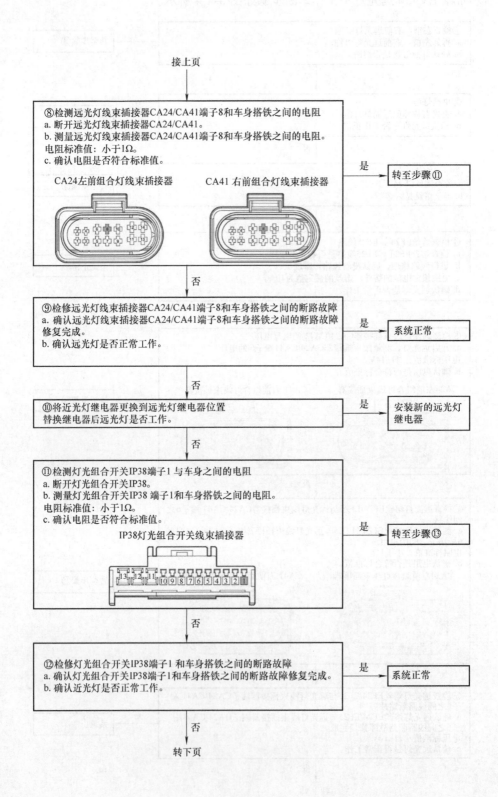

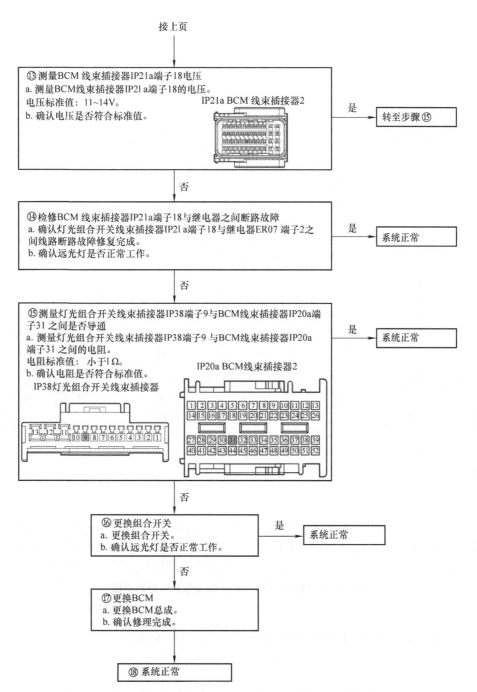

图 3-4-4　吉利帝豪 EV450 远光灯不工作诊断步骤

3.4.3　转向灯不工作故障诊断

吉利帝豪 EV450 转向灯工作电路简图如图 3-4-5 所示。

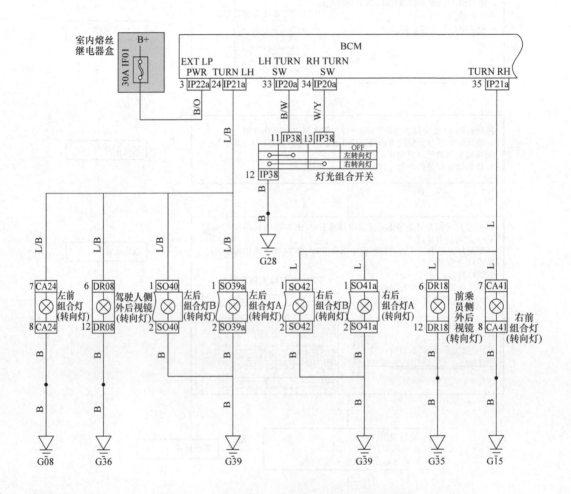

图 3-4-5　吉利帝豪 EV450 转向灯工作电路简图

吉利帝豪 EV450 转向灯不工作故障诊断步骤如图 3-4-6 所示。

项目 3 照明系统

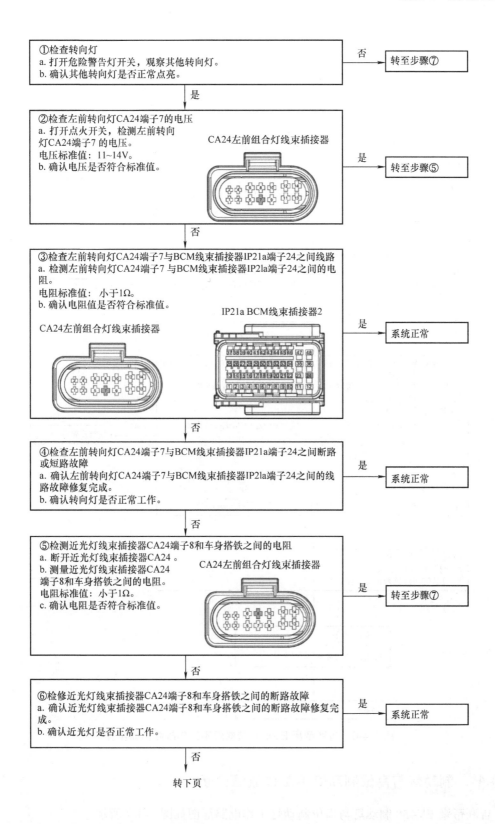

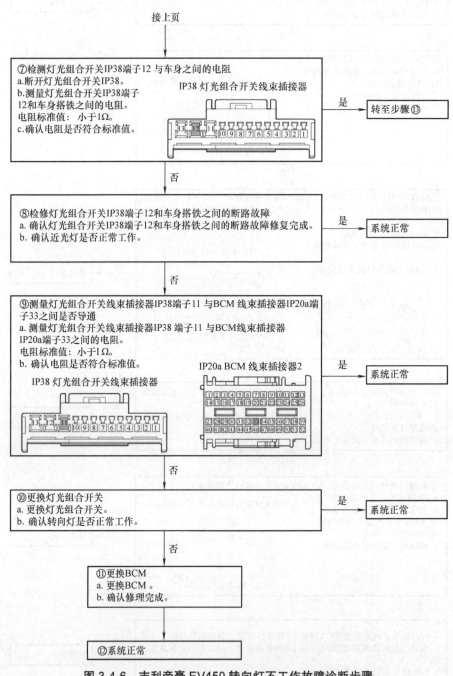

图 3-4-6 吉利帝豪 EV450 转向灯不工作故障诊断步骤

3.4.4 制动灯与高位制动灯不工作故障诊断

吉利帝豪 EV450 制动灯与高位制动灯工作电路简图如图 3-4-7 所示。

项目 3 照明系统

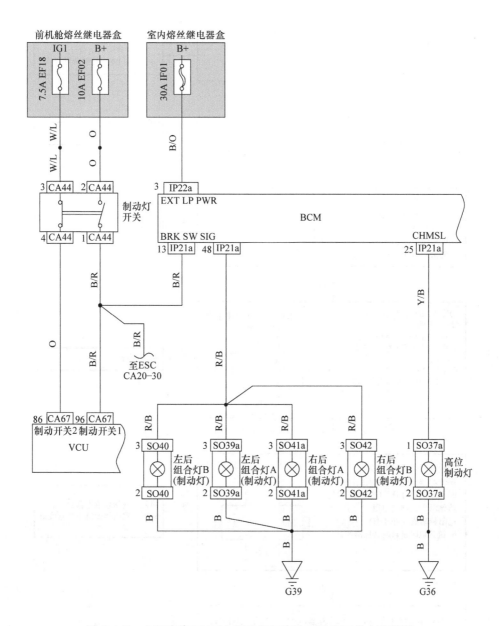

图 3-4-7 吉利帝豪 EV450 制动灯与高位制动灯工作电路简图

吉利帝豪 EV450 制动灯与高位制动灯不工作诊断步骤如图 3-4-8 所示。

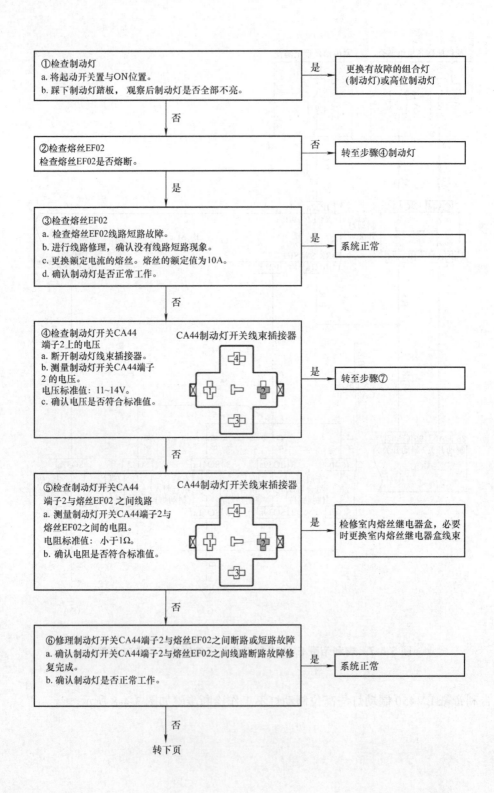

项目3 照明系统

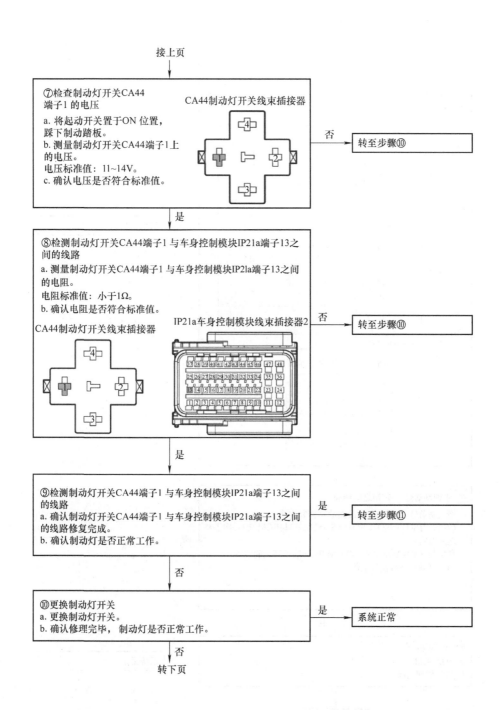

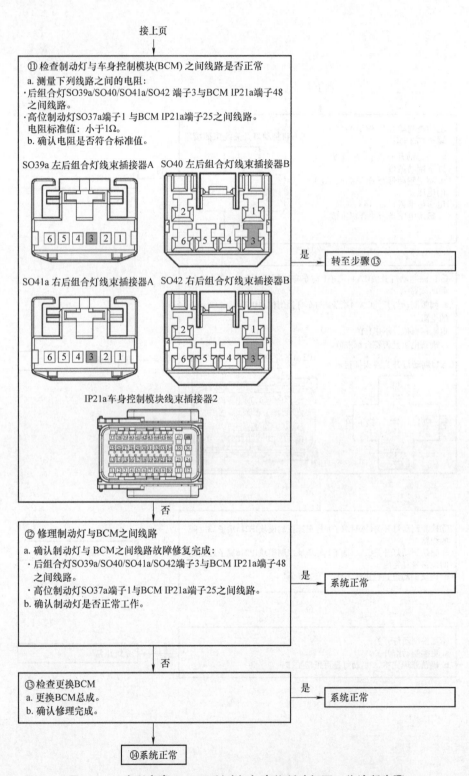

图 3-4-8　吉利帝豪 EV450 制动灯与高位制动灯不工作诊断步骤

3.4.5 倒档灯（倒车灯）不工作故障诊断

吉利帝豪 EV450 倒档灯（倒车灯）工作电路简图如图 3-4-9 所示。

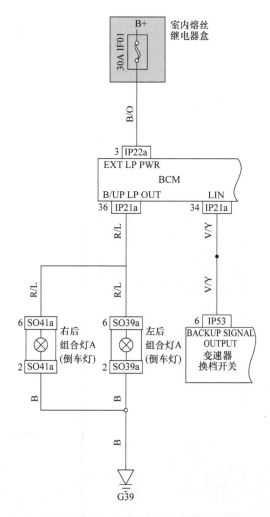

图 3-4-9　吉利帝豪 EV450 倒档灯（倒车灯）工作电路简图

吉利帝豪 EV450 倒档灯（倒车灯）不工作诊断步骤如图 3-4-10 所示。

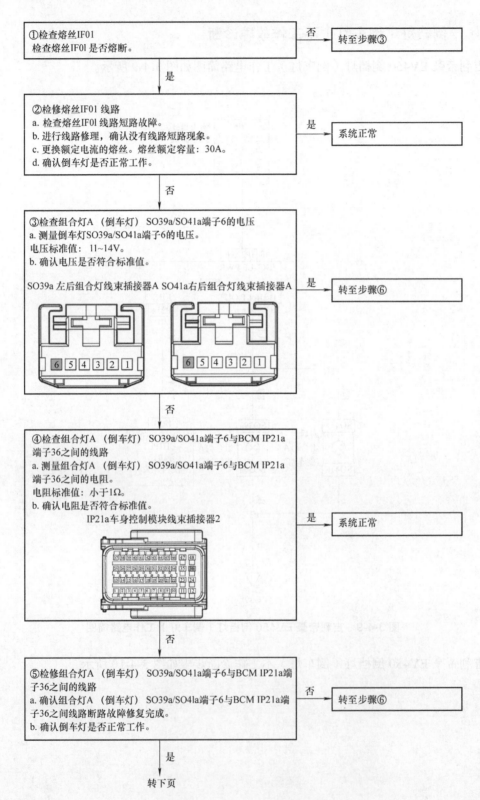

项目 3 照明系统

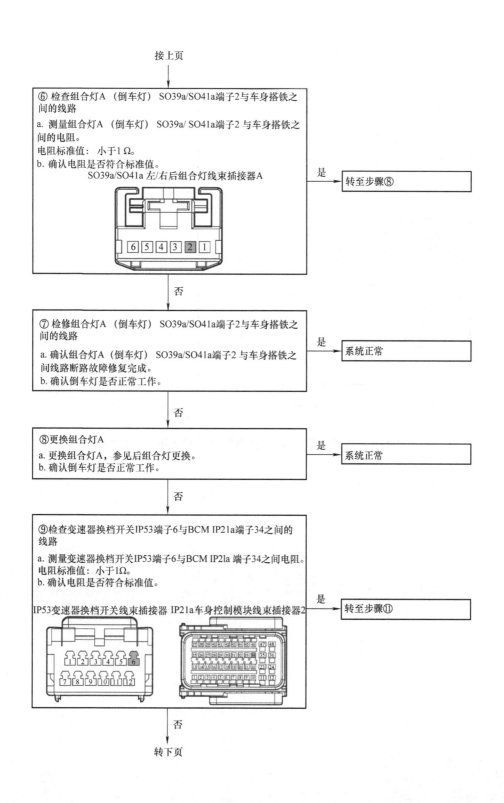

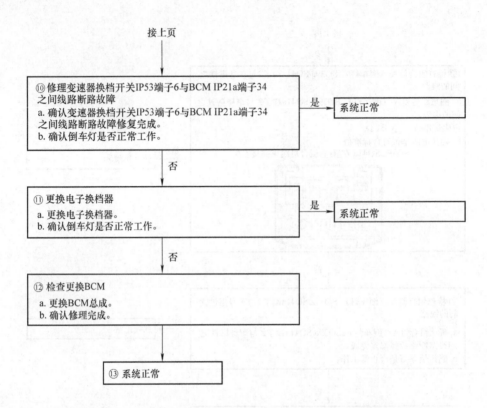

图 3-4-10　吉利帝豪 EV450 倒档灯（倒车灯）不工作诊断步骤

项目 4
仪表、室内灯光

【知识目标】

（1）能够理解仪表、室内灯光的作用、组成及原理。
（2）能够掌握仪表指示灯/警告灯并了解其含义。

【技能目标】

（1）能够正确进行仪表指示灯/警告灯检查。
（2）能够正确进行室内灯（阅读灯、杂物箱灯、行李箱灯、门控灯等）检查与操作。
（3）能够正确进行前排阅读灯、后排阅读灯、仪表台杂物箱灯、行李箱灯的更换操作。
（4）能够正确进行室内灯光供电电路以及线束电阻测量。
（5）能够正确进行组合仪表的更换操作。
（6）能够正确查询组合仪表电路图。
（7）能够正确进行组合仪表供电电路以及搭铁电路的检测。
（8）能够正确对信息警告系统（转向灯闪光频率不一致、转向指示灯不工作、驾驶人安全带指示灯不工作等）故障进行诊断与分析，对相关线束、插接器、端子、部件引发的故障进行检修。
（9）作业结束后，能够正确收集、清洁和整理工具，对工位进行7S操作。

【素养目标】

（1）遵守工作场所的法律法规和政策，拥有高的安全意识。

（2）在需要的时候，协助他人并提供帮助。
（3）能够合理地分析和解决完成分配的任务时出现的问题。
（4）理解工作文件，报告书写清晰简洁。

4.1 仪表、室内灯光的组成与原理

4.1.1 仪表组成与原理

为了使驾驶人随时观察与掌握汽车各系统的工作状态，保证行车安全和提高车辆的可靠性，在仪表板上装有各种仪表指示灯/警告灯。

所有组合仪表的电路组成单一线束，用插接器在组合仪表壳体背面连接。组合仪表的表盘和指示灯被保护在一整块透明面罩后面。比亚迪 e5 组合仪表如图 4-1-1 所示。组合仪表指示灯/警告灯图标及说明见表 4-1-1。

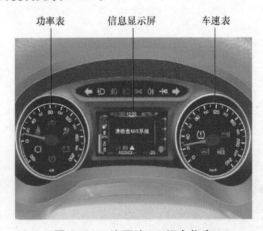

图 4-1-1　比亚迪 e5 组合仪表

表 4-1-1　组合仪表指示灯/警告灯图标及说明

指示灯/警告灯	含　义	指示灯/警告灯	含　义
(!)	驻车制动故障警告灯*	ESP OFF	ESP OFF 警告灯（装有时）
安全带图标	驾驶人座椅安全带指示灯*	锁图标	防盗指示灯
电池图标	充电系统警告灯*	△	主警告灯*
前雾灯图标	前雾灯指示灯	ECO	ECO 指示灯（装有时）
后雾灯图标	后雾灯指示灯	电池插头图标	动力电池电量低警告灯
钥匙图标	智能钥匙系统警告灯*	电池!图标	动力电池警告灯*

(续)

指示灯/警告灯	含义	指示灯/警告灯	含义
(ABS)	ABS 警告灯*		胎压警告灯（装有时）*
	电机冷却液温度过高警告灯	(P)	电子驻车状态指示灯
	ESP 警告灯（装有时）*	OK	OK 指示灯
	车门状态指示灯*		动力系统警告灯*
	SRS 警告灯*		动力电池过热警告灯*
	EPS 警告灯		动力电池充电连接指示灯
	位置灯指示灯		巡航主指示灯（装有时）
	远光灯指示灯	SET	巡航控制指示灯（装有时）
	转向指示灯		

注：具有"*"的指示标记是保养提示指示灯。有关细节可参看"保养提示指示灯和警告蜂鸣器"部分。

4.1.2 室内灯光组成与原理

室内灯光组成参见 3.1 照明系统总体构成。

4.2 仪表、室内灯光检查保养★

4.2.1 仪表指示灯/故障灯检查

（1）自检功能检查

将钥匙转动至 ON 档，检查系统自检功能是否正常，有无故障灯点亮。然后起动车辆，READY 指示灯点亮，除驻车制动指示灯、安全带未系指示灯点亮，其他警告灯（ABS 警告灯、SRS 警告灯、EPS 指示灯、动力电池警告灯、胎压警告灯、动力系统警告灯等）均不能点亮。若其他警告灯点亮，则说明相应部件或系统存在故障，应给予检修。

（2）安全带指示灯检查

将整车电源档位置于 OK 档，驾驶人座椅安全带未扣紧或者未系安全带，检查驾驶人座椅安全带指示灯是否点亮，点亮说明正常，若不点亮则说明安全带指示灯电路存在故障。驾驶人扣紧安全带后，指示灯应熄灭。

（3）驻车制动警告灯检查

当整车电源档位处于 OK 档时，在下列情况下驻车制动警告灯应点亮。

① 当制动液液位低时。

② 当使用了驻车制动器时。

③当真空压力故障时。
④当 EBD（制动力分配）故障时。
⑤当电子驻车（装有时）故障时。
（4）档位指示灯检查
正常情况下，变速杆在某位置时，应显示相应的档位指示，如图 4-2-1 所示。不亮则说明该档的指示灯损坏或者该档位灯的输出电路坏了。
（5）ABS 警告灯
整车电源档位处于 OK 档时，ABS 警告灯点亮。如果 ABS 工作正常，则 3s 后此灯熄灭。此后，如果 ABS 发生故障，ABS 警告灯将再次点亮直至故障消除。
（6）SRS 警告灯
当电源档位处于 OK 档时，此警告灯点亮，约 5s 后，此警告灯熄灭，表示安全气囊系统工作正常。警告灯系统用于监控安全气囊 ECU、碰撞传感器、充气装置、警告灯、接线和电源。

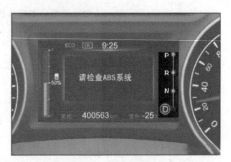

图 4-2-1　档位指示灯

（7）胎压警告灯（装有时）
整车电源档位处于 OK 档时，此警告灯点亮。如果胎压监测系统工作正常，则几秒钟后此警告灯熄灭。此后，如果系统发生故障，此警告灯将再次点亮。
（8）动力系统警告灯
整车电源档位处于 OK 档时，此警告灯持续点亮或驾驶中此警告灯点亮，则说明动力系统发生故障。
（9）动力电池警告灯
当整车电源档位处于 OK 档时，此警告灯点亮。如果动力电池系统工作正常，则几秒钟后此灯熄灭。此后，如果系统发生故障，此警告灯将再次点亮。

4.2.2　室内灯（阅读灯、杂物箱灯、行李舱灯、门控灯等）检查与操作

室内灯检查与操作见表 4-2-1。操作时检查相应灯光是否正常点亮。

表 4-2-1　室内灯检查与操作

阅读灯	前排阅读灯在前排车顶中部，按下开关，灯泡启亮，再次按下，灯泡熄灭
行李舱灯	行李舱灯位于行李舱门防磨板下方。只要打开行李舱门，灯就启亮
杂物箱灯	杂物箱灯在杂物箱中，按下开关，灯泡启亮，再次按下，灯泡熄灭
门控灯	门控灯开关位于后排阅读灯上，当开关处于 DOOR 位，打开车门，门控灯启亮；关闭车门，门控灯延时数秒熄灭

4.2.3　室内灯的更换

（1）前排阅读灯总成更换
1）断开蓄电池负极电缆。

2）使用专用工具轻摇前排阅读灯总成后端，拆卸前排阅读灯总成（图 4-2-2）。
3）断开前排阅读灯总成两个线束插接器（图 4-2-3），取出前排阅读灯总成。

 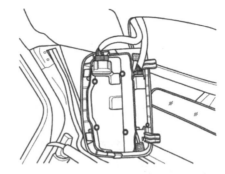

图 4-2-2　拆下前排阅读灯总成　　　图 4-2-3　断开前排阅读灯总成两个线束插接器

安装：按照与拆卸相反的步骤进行。
（2）后排阅读灯总成更换
1）断开蓄电池负极电线。
2）将专用工具插入后排阅读灯边缘，拆卸后排阅读灯（图 4-2-4）。
3）断开后排阅读灯线束插接器（图 4-2-5），取出后排阅读灯。

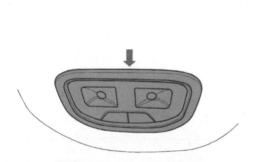 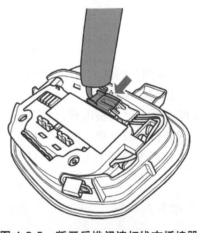

图 4-2-4　拆卸后排阅读灯　　　图 4-2-5　断开后排阅读灯线束插接器

安装：按照与拆卸相反的步骤进行。
（3）仪表台杂物箱灯更换
1）断开蓄电池负极电缆。
2）按住仪表台杂物箱灯的卡舌（图 4-2-6），并取下仪表台杂物箱灯。
3）断开线束插接器（图 4-2-7）。
4）按住杂物箱灯背面两侧的卡舌（图 4-2-8），并取下杂物箱灯罩。
5）取出杂物箱灯泡（图 4-2-9）。

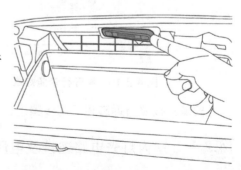

图 4-2-6　按住仪表台杂物箱灯的卡舌

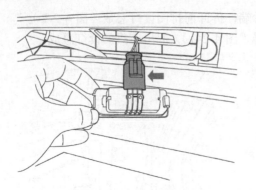

图 4-2-7 断开线束插接器

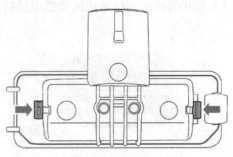

图 4-2-8 按住杂物箱灯背面两侧的卡舌

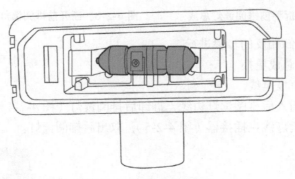

图 4-2-9 取出杂物箱灯泡

安装：按照与拆卸相反的步骤进行。

（4）行李舱灯的更换

1）断开蓄电池负极电缆。

2）翻开行李舱灯罩（图 4-2-10）。

3）拆卸行李舱灯泡（图 4-2-11）。

图 4-2-10 翻开行李舱灯罩

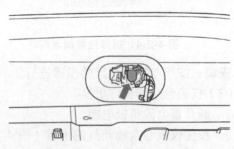

图 4-2-11 拆卸行李舱灯泡

安装：按照与拆卸相反的步骤进行。

4.2.4 室内灯光电路连接及电压、电阻测量

吉利帝豪 EV450 杂物箱灯、阅读灯电路如图 4-2-12 所示。

项目 4　仪表、室内灯光

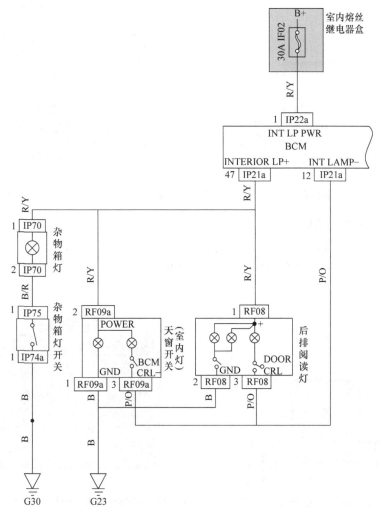

图 4-2-12　吉利帝豪 EV450 杂物箱灯、阅读灯电路简图

（1）杂物箱灯电路的检测

1）检测杂物箱灯开关 IP70（供电端子）的电压。

拆卸杂物箱开关插接器，使用万用表 20V 直流电压档测量杂物箱插接器 IP70（图 4-2-13）端子 1 与搭铁端的电压，电压应为 11~14V。

2）检查杂物箱灯的线路。

测量杂物箱灯开关插接器 IP75（图 4-2-14）端子 1 与杂物箱灯插接器 IP70 端子 2（图 4-2-13）之间的电阻，电阻应小于 1Ω。

测量 BCM 线束插接器 IP21a 端子 47（图 4-2-15）与杂物箱灯 IP70 端子 1（图 4-2-13）之间的电阻，电阻应小于 1Ω。

3）检测杂物箱灯开关是否正常工作。

测量杂物箱灯开关 IP74a 端子 1（图 4-2-16）与车身搭铁之间的电阻，检查电阻是否符合标准值。

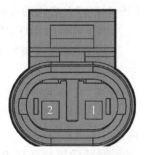

图 4-2-13　IP70 杂物箱灯开关线束插接器

 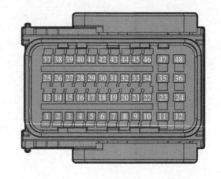

图 4-2-14　IP75 杂物箱灯开关线束插接器　　图 4-2-15　IP21a 车身控制模块线束插接器 2

（2）前排阅读灯电路检测

1）测量前排阅读灯插接器供电端子 2 的电压。

使用万用表 20V 直流电测量前排阅读灯 RF09a（图 4-2-17）端子 2 与搭铁端的电压，电压应为 11～14V。

图 4-2-16　IP74a 杂物箱灯开关线束插接器　　图 4-2-17　RF09a 前排阅读灯 + 天窗开关线束插接器

2）检查前排阅读灯的线路。

测量 BCM 线束插接器 IP21a（图 4-2-15）端子 47 与前排阅读灯 RF09a 端子 2（图 4-2-17）之间的电阻，电阻应小于 1Ω。

测量前排阅读灯 RF09a 端子 1（图 4-2-17）与车身搭铁之间的电阻，电阻应小于 1Ω。

测量 BCM 线束插接器 IP21a 端子 47（图 4-2-15）与车身搭铁之间的电阻，电阻应大于 10kΩ。

（3）后排阅读灯（ON 档）工作电路检测

1）测量后排阅读灯 RF08 端子 1（供电端子）的电压。

测量后排阅读灯 RF08 端子 1（图 4-2-18）的电压，电压应为 11~14V。

2）检查后排阅读灯的线路。

测量 BCM 线束插接器 IP21a 端子 47（图 4-2-15）与后排阅读灯 RF08 端子 1 之间的电阻，电阻应小于

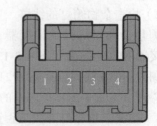

图 4-2-18　RF08 后排阅读灯线束插接器

1Ω。

测量后排阅读灯 RF08 端子 2（图 4-2-18）与车身搭铁之间的电阻，电阻应小于 1Ω。

测量 BCM 线束插接器 IP21a 端子 47 与车身搭铁之间的电阻，电阻应大于 10kΩ。

3）检查后排阅读灯是否正常工作。

打开后排阅读灯 ON 档开关，测量后排阅读灯 RF08 端子 1 与 2（图 4-2-18）之间的电阻，电阻应小于 1Ω。

（4）后排阅读灯（DOOR 档）工作电路检测

1）测量后排阅读灯 RF08 端子 1 的电压。

测量后排阅读灯 RF08 端子 1（图 4-2-18）的电压，电压应为 11~14V。

2）检查后排阅读灯的线路。

测量 BCM 线束插接器 IP21a 端子 47（图 4-2-15）与后排阅读灯 RF08 端子 1（图 4-2-18）之间的电阻，电阻应小于 1Ω。

测量 BCM 线束插接器 IP21a 端子 12（图 4-2-15）与后排阅读灯 RF08 端子 3（图 4-2-18）之间的电阻，电阻应小于 1Ω。

测量 BCM 线束插接器 IP21a 端 47 与车身搭铁之间的电阻，电阻应大于或等于 10kΩ。

3）检查后排阅读灯是否正常工作。

打开后排阅读灯 DOOR 档开关，测量后排阅读灯 RF08（图 4-2-18）端子 1 与端子 3 之间的电阻，电阻应小于 1Ω。

4.3 仪表、室内灯光检测维修 ★★

4.3.1 仪表板总成更换

1）断开蓄电池负极电缆。

2）向右转动转向盘约 90°，拆卸转向柱护板右侧上部固定螺钉（图 4-3-1）。

3）向左转动转向盘约 180°，拆卸转向柱护板左侧上部固定螺钉（图 4-3-2）。

图 4-3-1　拆卸转向柱护板右侧上部固定螺钉　　图 4-3-2　拆卸转向柱护板左侧上部固定螺钉

4）拆卸转向柱护板下部固定螺钉。

5）拆卸转向柱上下护板（图 4-3-3）。

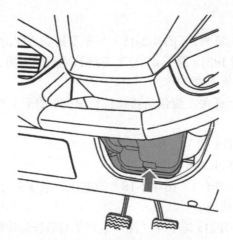

图 4-3-3　拆卸转向柱上下护板

6）拆卸组合仪表上盖板（图 4-3-4）。
7）拆卸组合仪表 4 个固定螺钉（图 4-3-5）。
8）断开组合仪表线束插接器（图 4-3-6），取出组合仪表。

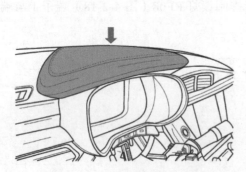

图 4-3-4　拆卸组合仪表上盖板

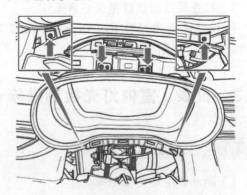

图 4-3-5　拆卸组合仪表 4 个固定螺钉

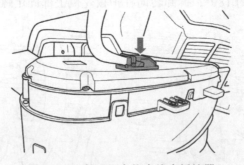

图 4-3-6　断开组合仪表线束插接器

安装：大致可按照拆卸的相反步骤进行。

4.3.2　仪表指示灯/警告灯检测

（1）正确查询组合仪表电路图

项目 4 仪表、室内灯光

吉利帝豪 EV450 组合仪表电源、搭铁、数据线电路图如图 4-3-7 所示，组合仪表照明灯、警告灯、指示灯电路图如图 4-3-8 所示。

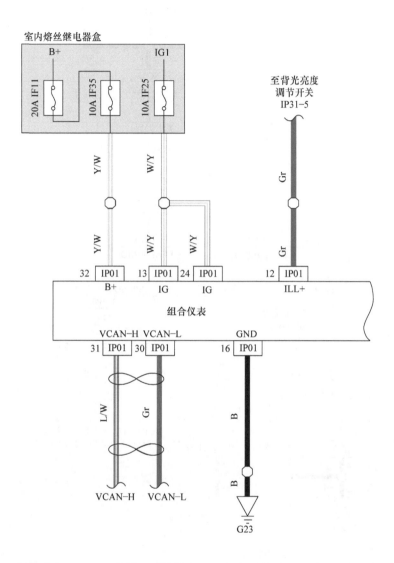

图 4-3-7 吉利帝豪 EV450 组合仪表电源、搭铁、数据线电路图

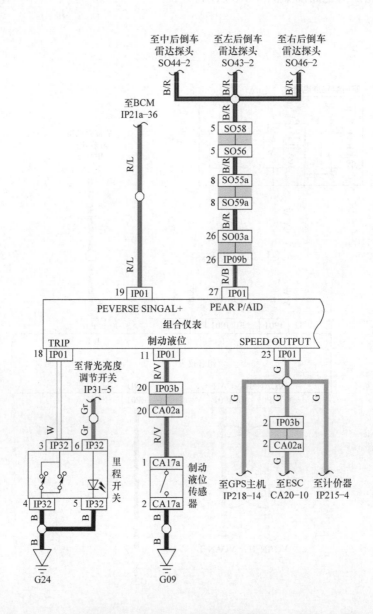

图 4-3-8　吉利帝豪 EV450 组合仪表照明灯、警告灯、指示灯电路图

（2）组合仪表照明电路检测

吉利帝豪 EV450 组合仪表照明电路图如图 4-3-9 所示。

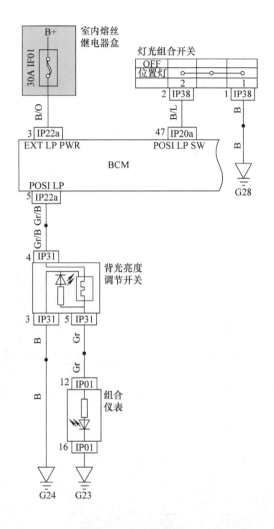

图 4-3-9　吉利帝豪 EV450 组合仪表照明电路图

1）检查组合仪表线束插接器 IP01 端子 12（供电端子）的电压。

测量组合仪表线束插接器 IP01（图 4-3-10）端子 12 的电压，电压应为 11~14V。

2）检查组合仪表线束插接器 IP01 端子 12 与背光亮度调节开关线束插接器 IP31 端子 5 之间的线路。

测量组合仪表线束插接器 IP01 端子 12 与背光亮度调节开关线束插接器 IP31(图 4-3-11) 端子 5 之间的电阻，电阻应小于 1Ω。

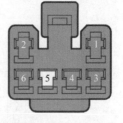

图 4-3-10　组合仪表线束插接器 IP01　　　　图 4-3-11　背光亮度调节开关线束插接器 IP31

3）检查组合仪表与车身搭铁之间的线路故障。

测量组合仪表线束插接器 IP01 端子 16 与车身搭铁之间的电阻，电阻应小于 1Ω。

（3）车门未关警告灯工作电路检测

吉利帝豪 EV450 车门未关警告灯工作电路图如图 4-3-12 所示。

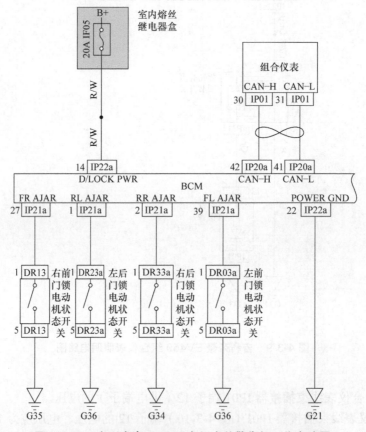

图 4-3-12　吉利帝豪 EV450 车门未关警告灯工作电路图

1）检查组合仪表与 BCM 之间的通信线路。

测量组合仪表线束插接器 IP01（图 4-3-13）端子 30/31 与 BCM 线束插接器 IP20a（图 4-3-14）端子 41/42 之间的电阻，电阻应小于 1Ω。

测量组合仪表线束插接器 IP01 端子 30/31 与 BCM 线束插接器 IP20a 端子 41/42 分别与车身搭铁之间的电阻，电阻应为 10kΩ 或更高。

项目 4 仪表、室内灯光

 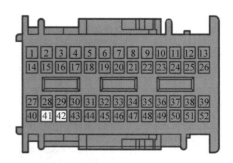

图 4-3-13　IP01 组合仪表线束插接器　　图 4-3-14　IP20a 车身控制模块（BCM）线束插接器 1

测量组合仪表线束插接器 IP01 端子 30/31 与 BCM 线束插接器 IP20a 端子 41/42 分别与车身搭铁之间的电压，电压应为 0V。

2）检查各门锁电动机端子与 BCM 线束插接器 IP21a 端子之间的线路。

测量各门锁插接器端子与 BCM 线束插接器 2 端子之间、各门锁插接器端子与车身搭铁之间的电阻或电压，见表 4-3-1。各门锁端子线束插接器端子如图 4-3-15 所示，BCM 线束插接器端子如图 4-3-16 所示。

表 4-3-1　测量各门锁插接器端子与车身搭铁之间的电阻或电压

端子	电阻标准	电压标准
DR03a-1—IP21a-39	小于 1Ω	—
DR13-1—IP21a-27	小于 1Ω	—
DR23a-1—IP21a-1	小于 1Ω	—
DR33a-1—IP21a-2	小于 1Ω	—
DR03a-1—车身搭铁	10kΩ 或更高	0V
DR13-1—车身搭铁	10kΩ 或更高	0V
DR23a-1—车身搭铁	10kΩ 或更高	0V
DR33a-1—车身搭铁	10kΩ 或更高	0V

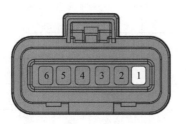 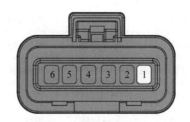

a) DR03a 左前门锁电动机线束插接器　　b) DR13 右前门锁电动机线束插接器

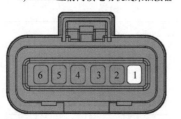 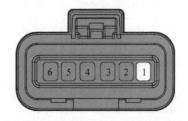

c) DR23a 左后门锁电动机线束插接器　　d) DR33a 右后门锁电动机线束插接器

图 4-3-15　各门锁线束插接器端子

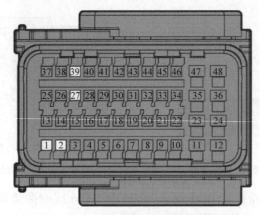

图 4-3-16　IP21a BCM 线束插接器 2

4.3.3　组合仪表线束插接器电阻值检测

以比亚迪 e5 为例，从组合仪表插接器 G01（图 4-3-17）后端引线，检查插接器各端子电阻值是否符合标准，组合仪表插接器 G01 各端子电阻/压标准见表 4-3-2。

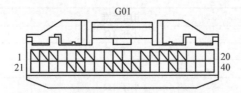

图 4-3-17　比亚迪 e5 组合仪表插接器 G01

表 4-3-2　比亚迪 e5 组合仪表插接器 G01 各端子电阻/压标准

端子号（符号）	配线颜色	端子描述	条件	规定状态
G01-4—车身搭铁	P—车身搭铁	B-CANH	始终	2.5~3.5V
G01-5—车身搭铁	V—车身搭铁	B-CANL	始终	1.5~2.5V
G01-8—车身搭铁	B/W—车身搭铁	燃油信号输入	ON 档上电	电阻信号
G01-9—车身搭铁	B/Y—车身搭铁	燃油信号搭铁	始终	小于 1Ω
G01-11—车身搭铁	B—车身搭铁	搭铁	始终	小于 1Ω
G01-12—车身搭铁	B—车身搭铁	搭铁	始终	小于 1Ω
G01-15—车身搭铁	G/B—车身搭铁	冷却液液位信号	ON 档	小于 1Ω
G01-18—车身搭铁	W—车身搭铁	背光调节按键 + 信号	按下此按键	小于 1Ω
G01-19—车身搭铁	Br/W—车身搭铁	背光调节按键 - 信号	按下此按键	小于 1Ω
G01-20—车身搭铁	YM—车身搭铁	里程切换按键 - 信号	按下此按键	小于 1Ω
G01-21—车身搭铁	R—车身搭铁	背光亮度调节输出	打小灯，调背光亮度	电压信号

项目 4　仪表、室内灯光

（续）

端子号（符号）	配线颜色	端子描述	条件	规定状态
G01-22—车身搭铁	Br—车身搭铁	右转向状态信号	打右转向灯	11~14V
G01-23—车身搭铁	Gr—车身搭铁	驻车信号	拉起驻车制动手柄或制动液过低	小于 1Ω
G01-24—车身搭铁	G/R—车身搭铁	制动液位信号	浮标沉下（制动液位过低）	小于 1Ω
G01-27—车身搭铁	R/B—车身搭铁	前排乘客安全带信号采集	坐下，且扣好安全带	悬空
			无人坐	小于 1V
G01-28—车身搭铁	Br/—车身搭铁	信息切换按钮信号搭铁	始终	小于 1V
G01-33—车身搭铁	R/L—车身搭铁	左转向状态信号	打左转向灯	11~14V
G01-34—车身搭铁	Y/R—车身搭铁	机油压力信号	熄火	小于 1Ω
			起动发动机	大于 10kΩ
G01-35—车身搭铁	Y/L—车身搭铁	充电系统警告信号	发电机故障（输出电压过低）	电压信号
G01-37—G01-28	L/—车身搭铁	信息切换按钮输入	按下"确认"	小于 8.2kΩ
			按下"上"	约 23.2kΩ
			按下"下"	约 50.2kΩ
G01-38—车身搭铁	YIG—车身搭铁	IG1 上电	ON 档上电	11~14V
G01-39—车身搭铁	W/R—车身搭铁	常电	始终	11~14V
G01-40—车身搭铁	R/L—车身搭铁	前排乘客安全带指示灯控制	坐下，且没扣安全带	小于 1V
			无人坐	悬空

4.4　信号警示系统故障分析 ★★★

4.4.1　转向灯闪光频率不一致故障诊断

（1）转向灯闪光频率不一致原因
① 转向灯灯泡功率选用不当。
② 某转向灯灯泡损坏。
③ 闪光继电器调整不当。
④ 某侧搭铁线接触不良。
（2）汽车灯光闪烁频率不一致判断与排除
① 检查闪光频率较高的一侧灯泡是否损坏，灯泡型号是否符合规定。如果不符合要

求，应更换。

② 检查搭铁线接触是否良好，插接件连接是否牢固。如果不符合要求，应进行修理。

4.4.2 转向指示灯不工作故障诊断

比亚迪 e5 转向指示灯工作电路图如图 4-4-1 所示。

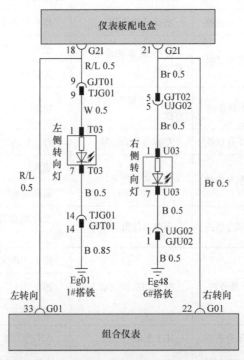

图 4-4-1　比亚迪 e5 转向指示灯工作电路图

比亚迪 e5 转向信号灯不闪烁诊断步骤如图 4-4-2 所示。

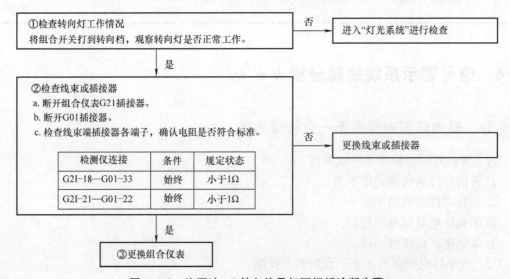

图 4-4-2　比亚迪 e5 转向信号灯不闪烁诊断步骤

项目 4　仪表、室内灯光

4.4.3　驾驶人安全带指示灯不工作故障诊断

比亚迪 e5 驾驶人安全带指示灯工作电路简图如图 4-4-3 所示。

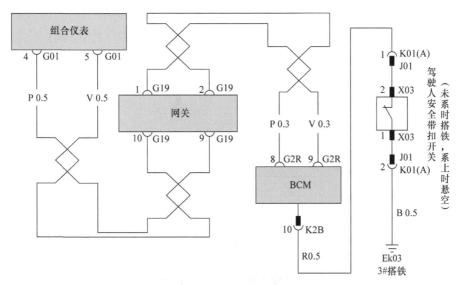

图 4-4-3　比亚迪 e5 驾驶人安全带指示灯工作电路简图

比亚迪 e5 驾驶人安全带指示灯不工作诊断步骤如图 4-4-4 所示。

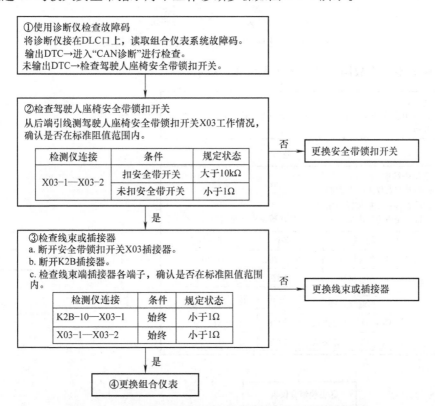

图 4-4-4　比亚迪 e5 驾驶人安全带指示灯不工作诊断步骤

105

4.4.4 组合仪表不工作故障诊断

比亚迪 e5 组合仪表工作电路简图如图 4-4-5 所示。

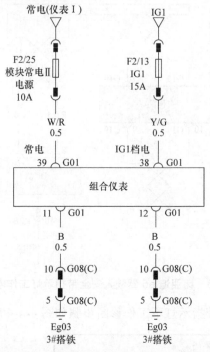

图 4-4-5 比亚迪 e5 组合仪表工作电路简图

组合仪表不工作故障诊断步骤如图 4-4-6 所示。

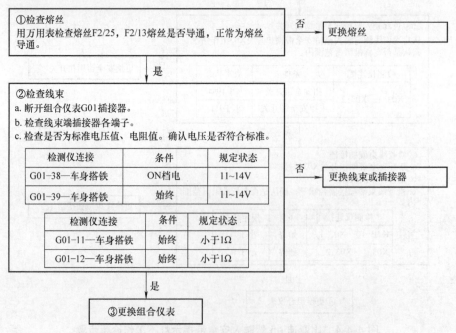

图 4-4-6 比亚迪 e5 组合仪表不工作故障诊断步骤

项目 5
刮水器洗涤系统

【知识目标】

（1）能够理解刮水器系统的作用、组成及原理。
（2）能够理解刮水器、清洗器、刮水器系统开关、前照灯清洗器等部件的作用、工作原理。

【技能目标】

（1）能够正确进行洗涤液液位检查及添加。
（2）能够正确进行洗涤喷嘴调整及洗涤软管检查。
（3）能够正确进行前照灯清洗系统操作及检查。
（4）能够正确进行刮水器片更换，刮水器臂更换、调整及刮水器松紧调整。
（5）能够正确查询刮水电路图。
（6）能够正确进行刮水器电动机线束的检查。
（7）能够正确进行刮水器电动机拆装操作。
（8）能够正确进行洗涤系统供电以及搭铁电路的检测。
（9）能够正确进行洗涤电动机及洗涤液储液罐（水壶）更换操作。
（10）能够对刮水器在任何档位下都不工作、刮水器在高速档不工作等故障进行诊断与分析。
（11）作业结束后，能够正确收集、清洁和整理工具，对工位进行7S操作。

【素养目标】

（1）遵守工作场所的法律法规和政策，拥有高的安全意识。
（2）在需要的时候，协助他人并提供帮助。
（3）能够合理地分析和解决完成分配的任务时出现的问题。
（4）理解工作文件，报告书写清晰简洁。

5.1 刮水器洗涤系统基本组成

刮水器洗涤系统是汽车的标准配置，主要用于清洗和刮除风窗玻璃上的雨水、雪和灰尘，以保证驾驶人的视觉效果。有的汽车前照灯还配有清洗器系统，以保证雨雪天气尤其是夜间的行车安全。电动刮水器洗涤系统如图 5-1-1 所示。

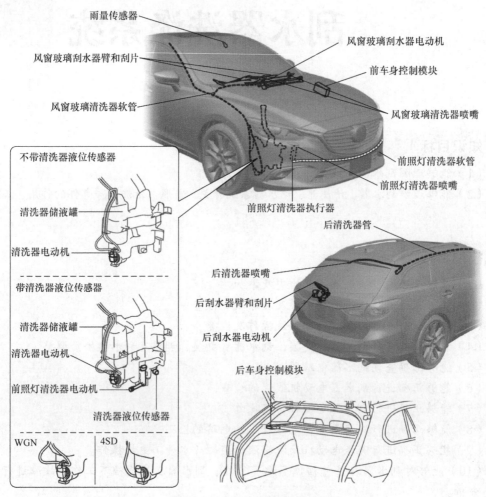

图 5-1-1　电动刮水器洗涤系统

（1）刮水器

电动刮水器的基本组成如图 5-1-2 所示，一般安装在风窗玻璃的下方。刮水器电动机安装在底板上，刮水器连接杆连接刮水器片总成（由刮水器臂、刮水器片等组成）。

当驾驶人按下刮水器的开关时，电动机起动，电动机旋转运动经过蜗轮蜗杆的减速增矩作用，由轴端的蜗杆传给蜗轮，蜗轮上的偏心销钉与连杆连接，蜗轮转动时通过连杆使摆杆摆动，然后经连杆使刮水器臂带动刮水器片总成往复运动，从而实现对风窗玻璃的刮扫。

部分车型的刮水器加装有电子调速器，该调速器附带雨量感应功能，能根据雨量的大小自动调节雨臂的摆动速度，雨大时刮水器臂转得快，雨小时刮水器臂转得慢，雨停时刮水器臂也停止转动。奥迪 A6 汽车使用的刮水器具有根据雨量大小自动调节刮水器臂转动速度的功能，它将雨量传感器与刮水器电动机集成在同一个壳体内。

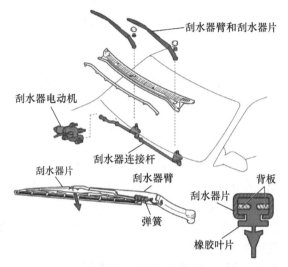

图 5-1-2　电动刮水器的基本组成

（2）清洗器

风窗玻璃洗涤装置如图 5-1-3 所示，主要由储液罐、软管、喷嘴、洗涤泵等组成。

洗涤泵一般由永磁直流电动机和离心叶片泵组装成为一体，喷射压力可达 88kPa。洗涤泵一般安装在储液罐上，也有安装在管路内的。洗涤泵喷嘴安装在风窗玻璃下方，水流直径一般为 0.8~1.0mm，大多数车型的喷嘴方向可以根据使用情况进行调整，能够将洗涤液喷射在风窗玻璃的适当位置。

洗涤泵的连续工作时间不应超过 1min。对于刮水器和洗涤分别控制的汽车，应先开启洗涤泵，再接通刮水器。喷水停止后，刮水器应继续刮动 3~5 次，以达到更好的清洁效果。

（3）开关

刮水器与清洗器开关组合在一起，安装在转向盘右下方。刮水器和清洗器开关操纵杆端部旋钮有 OFF（关闭）、

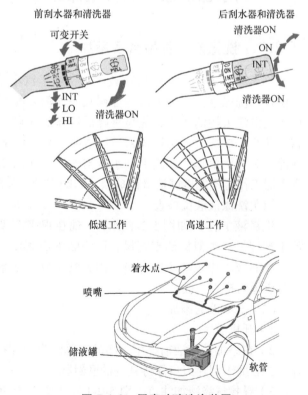

图 5-1-3　风窗玻璃洗涤装置

INT（间歇）、LO（低速）、HI（高速）、PULL（清洗器洗涤操作）、MIST（手动工作）这六种工作档位，当旋钮转到某档位时，刮水器便作相应的动作，将操纵杆向上抬时，洗涤

泵工作，洗涤液喷出。

开关上各档代表不同的工作模式。其中，间歇控制档一般是通过电动机的复位开关触点与电阻电容的充放电功能使刮水器以一定周期进行刮扫，即每动作一次停止2~12s，以此减少对驾驶人视线的干扰。

（4）前照灯清洗器（高压清洗系统）

前照灯清洗器采用高压清洗系统可以用在玻璃和塑料配光镜上。清洗效果主要取决于喷嘴与配光镜之间的距离、喷水的水滴大小、接触角、喷水速度以及喷水量。大部分前照灯清洗器都属于高压清洗系统。前照灯清洗器的典型部件如下：

1）洗涤液储液罐。前照灯洗涤液与前风窗玻璃清洗系统洗涤液共用一个洗涤液储液罐。但是为了保证洗涤液在清洗时足够使用，储液罐里必须有25次或者50次清洁循环的水的储存量，如果与其他洗涤液共用，则在满足以上要求的基础上还至少要有1L的空间余量，一般情况下其容量通常为5~7L。

2）清洗泵。在前照灯清洗系统中，有一个结构简单的电动循环洗涤液泵。循环液通过清洗泵的喷水孔将洗涤液喷射到前照灯上。

3）前照灯清洗器软管。软管的伸缩性必须与短期脉冲长度精确地匹配。

5.2 刮水器洗涤系统检查保养★

5.2.1 洗涤液液位检查及添加

汽车风窗玻璃洗涤液俗称玻璃水，属于汽车使用中的易耗品，需要经常加注或更换。风窗玻璃洗涤液由多种表面活性剂及添加剂复配而成，具有润湿、渗透、增溶等功能，从而起到清洗去污的作用；能显著降低液体的冰点，从而起到防冻的作用，还能很快溶解冰霜；防止形成雾滴，保证风窗玻璃透明，视野清晰；能消除玻璃表面的电荷，具有抗静电性能；具有润滑作用，减少刮水器与玻璃之间的摩擦，防止产生划痕。洗涤液缺失会导致刮水器工作时不能良好地清洁玻璃，影响驾驶人视线，不利于行车安全。

（1）洗涤液液位检查

洗涤液加注口如图5-2-1所示。现在很多车型都配有玻璃水刻度尺，类似机油刻度尺，可判断液面高低，应每月检查一次储液罐中玻璃水的存量，因天气不好而频繁使用玻璃水时应每周检查一次。

（2）洗涤液的添加

1）开机舱盖。

2）在添加洗涤液前，用干净的布蘸洗涤液擦拭刮水器刮片，这有助于刮片刃口保持良好的密封状态。

3）寻找洗涤液加注口（图5-2-1），加注洗涤液。

注意：在冬季加注玻璃水时，切忌加注太满，一旦遇到劣质或非防冻玻璃水，上冻后很容易将储液罐胀破。

图 5-2-1　洗涤液加注口位置

5.2.2 洗涤喷嘴调整及洗涤软管检查

（1）调整喷嘴

喷嘴的喷水角度不合适，经常喷歪，喷水忽高忽低会导致汽车玻璃清洗不干净，此时需要调整喷嘴。

1）确定喷嘴喷水方式。汽车玻璃水喷头通常设置在机舱盖靠近玻璃的位置（个别车型会设置在刮水器臂上），喷水方式主要有雾状和柱状两种，首先要确定车辆属于哪一种。喷水方式为雾状不可调，柱状可调。

雾状喷水方式：按下喷水按键，雾状喷头会均匀喷出水雾或水珠，喷射面积较大。

柱状喷水方式：是左右两个喷水装置直接喷射出水柱来，不同车辆的喷水口数量不同。

柱状喷水口是外置在喷水装置中的，肉眼可以看见喷水口。因此日常洗车时高压水枪的冲洗、天气变化引起热胀冷缩的影响、水垢残留引起转动角度的变形等，都有可能引起喷水角度的细微变化，而细微的变化可能引起喷水角度严重偏离，因此一些车型喷水容易喷歪。

2）确定喷射范围。大多数厂家对于出厂新车的喷水角度都有要求，通常建议玻璃水以喷射在前风窗玻璃中上部为宜，大概自上而下三分之二的位置，这个位置是大多数驾驶人视线的高度。如果喷射过低，驾驶人视线的位置有可能无法清洗到；若喷射太高，则效果也较差，并且开车中喷射有可能被气流将玻璃水带到车顶，因此合理的喷射位置很重要。

3）调整喷嘴方法。喷嘴调整方法及调整工具如图5-2-2所示，调整工具为一根较细的针。可以考虑两个人配合操作，一人调整一人喷水。先尝试着喷出玻璃水，查看水柱是否在合理的区域内，若不合适，则找到喷水口的位置，用事先准备好的针插入喷水口中进行微调。需要注意的是：动作一定要轻，调整的角度一定要细微，因为喷水口的细微变化反映在水柱上的变化会非常明显，所以动作慢是重点。

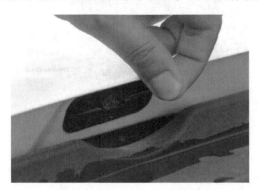 

图 5-2-2 喷嘴调整方法及调整工具

每调整一次都要尝试着喷水并观察变化，这个过程比较费玻璃水，因此自己动手调整前建议至少准备一桶新的玻璃水备用。

（2）检查洗涤软管

洗涤软管的位置如图5-2-3所示。

检查洗涤软管有无堵塞，堵塞会造成洗涤喷液不能喷出。

检查洗涤软管破损，洗涤液会污染车厢，给汽车使用者造成损失。

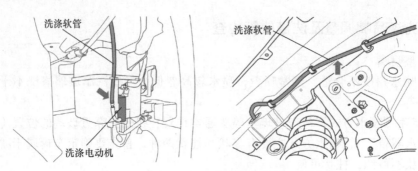

图 5-2-3 洗涤软管的位置

检查固定在机舱铰链处的洗涤软管,该处软管容易打折或被压扁,影响洗涤系统喷水。

5.2.3 前照灯清洗系统操作及检查

(1)前照灯清洗系统操作

1)先确定车辆是否具有前照灯清洗功能,在前照灯下面有个长方形的区域(图 5-2-4)。前照灯清洗系统是指在前照灯的下方有一出水口,随时可以清洗前照灯的灰尘及污垢。

2)把灯光组合开关箭头调到近光灯。

3)推动灯光组合拨杆开启远光灯。

4)向内抬起刮水器开关 3s 不动便开启了清洗功能(图 5-2-5)。

图 5-2-4 前照灯清洗系统

图 5-2-5 刮水器开关

(2)前照灯清洗系统检查

检查前照灯清洗系统是否能达到以下要求:

① 在 -10~35℃,且在 0~120km/h 的车速时,均可正常使用。

② 清洗反应速度应在 8s 以内。

③ 清洁效果要求至少达到 70%。

④ 水花(喷雾)要求:在一定压强下的洗涤液,会形成一股由不同大小的微滴组成的测试压力不小于 200kPa 的水柱,同一股水柱必须不能有任何明显的间隙。

5.2.4 刮水器片的检查、清洁、更换

1)刮水器片的检查。检查刮水器片是否老化、硬化、出现裂纹,若有,应及时更换。

2）清洗刮水器片。清洗刮水器片的步骤：将泡沫清洗剂喷到刮水器片上，用手支起刮水器片，用抹布擦拭干净刮水器片上的污垢即可，操作时要轻拿轻放。

3）刮水器片更换。

① 抬起刮水器臂（图 5-2-6）。

② 按住刮水器片中间固定卡扣，向上推动刮水器片，从刮水器臂上取下刮水器片（图 5-2-7）。

<u>注意：取出刮水器片以后，如果不是立即更换新件，则在风窗玻璃上放上毛巾，轻轻放下刮水器臂，防止损伤前风窗玻璃。</u>

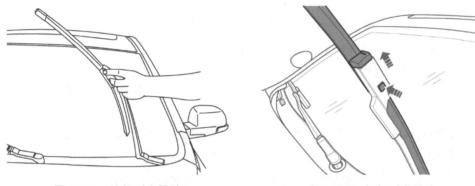

图 5-2-6　抬起刮水器臂　　　　图 5-2-7　拆卸刮水器片

③ 安装时将刮水器片安装到刮水器臂上（图 5-2-8），往下推动刮水器片直到中间卡扣与刮水器臂完全扣合，使刮水器安装牢固。

④ 轻轻放下刮水器臂。

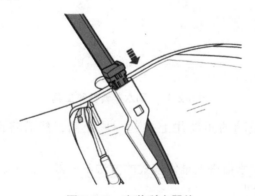

图 5-2-8　安装刮水器片

5.2.5　刮水器臂更换、调整及刮水器松紧调整

（1）刮水器臂的更换

1）在拆卸之前，将刮水器臂停在初始位置。

2）拆卸刮水器臂固定螺母盖（图 5-2-9）。

3）拆卸刮水器臂固定螺母（图 5-2-10）。

4）翻起刮水器臂，取下刮水器臂。

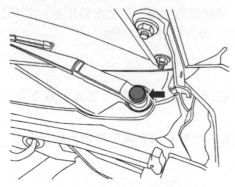
图 5-2-9 拆卸刮水器臂固定螺母盖

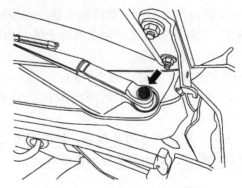
图 5-2-10 拆卸刮水器臂固定螺母

安装：刮水器臂安装大致可按照与拆卸相反的步骤进行。

（2）刮水器臂的调整

如果刮水器臂没调整好，就会出现跳动、异响、刮不干净等情况。刮水器臂的调整步骤如下：

1）准备工具。一字螺丝刀、两把活扳手（一把用于固定，另一把用于调整），如图 5-2-11 所示。

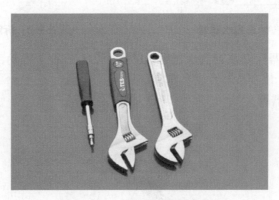
图 5-2-11 刮水器臂调整工具

2）将刮水器顺着玻璃的角度往上拉起一段距离，然后将刮水器臂往外抬起，如图 5-2-12 所示。

注意：不同车型的刮水器进入维修模式的方法不一样，部分车型直接抬起会造成刮水器臂的损伤，需要具体分析。

图 5-2-12 使刮水器臂进入维修模式

项目 5　刮水器洗涤系统

3）拆下刮水器条，防止维修过程误伤。将毛巾搭在刮水器臂上，如图 5-2-13 所示，防止调整过程蹭掉漆面。

图 5-2-13　刮水器臂上搭毛巾

4）一把扳手固定住弯头，另一把扳手轻轻地向不同的方向转动。如果向上抬时跳动，就要逆时针调整弯头顶端；如果向下刮时跳动，就要顺时针拧，如图 5-2-14 所示，注意力度，否则会损伤甚至掰断刮水器臂。

注意：两把扳手调整时，图 5-2-14 中左侧的扳手起到固定的作用，夹好后不要动，右侧的扳手用来旋转调整角度。

 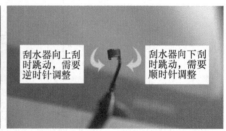

图 5-2-14　调整刮水器臂

（3）刮水器松紧调节

刮水器的松紧调节主要通过调节拉力弹簧的长度或者在挂钩处增加拉环的方式来调节松紧。刮水器弹簧、挂钩、拉环如图 5-2-15 所示。

1）如果刮水器压力过大，此时应该在挂钩处增加拉环，此时弹簧的伸缩量变小，力度也随之变小。

2）如果刮水器压力过小，可以将挂钩处的拉环尺寸调小一些，一般根据压力需求减小几毫米到几厘米。

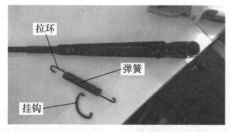 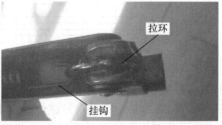

图 5-2-15　刮水器弹簧、挂钩、拉环

5.3 刮水器洗涤系统检测维修 ★★

5.3.1 刮水器电路检测

（1）刮水器电路查询

吉利帝豪 EV450 刮水器洗涤系统电路图如图 5-3-1 所示。

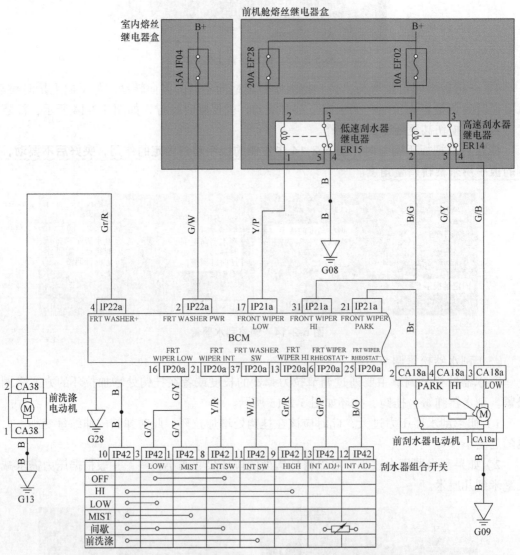

图 5-3-1　吉利帝豪 EV450 刮水器洗涤系统电路图

（2）刮水器电动机线束的检查

关闭点火开关，将试灯搭铁，试灯探头和刮水器电动机线束插接器供电端子连接，如图 5-3-2 所示。打开点火开关，操纵刮水器开关，检查试灯是否点亮，试灯点亮说明线束连接正常，试灯不亮说明线束故障，应检查熔丝是否熔断及线束自身是否断路。

项目5 刮水器洗涤系统

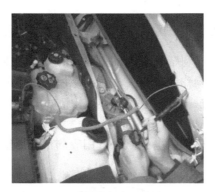

图 5-3-2 刮水器电动机线束的检查

5.3.2 刮水器电动机拆装

刮水器电动机拆卸步骤如下：

1）断开蓄电池负极电缆，拆卸前风窗玻璃刮水器臂，拆卸通风盖板。
2）断开刮水器电动机线束插接器（图 5-3-3）。

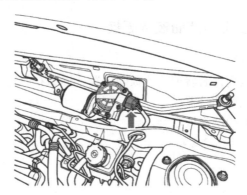

图 5-3-3 断开刮水器电动机线束插接器

3）拆卸刮水器连杆两个固定螺栓（图 5-3-4），将刮水器连杆和刮水器电动机一起取下。
4）拆卸刮水器电动机螺栓及螺母（图 5-3-5），取出刮水器电动机。

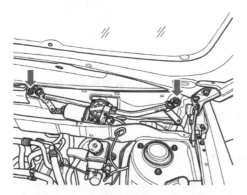

图 5-3-4 拆卸刮水器连杆固定螺栓

图 5-3-5 拆卸刮水器电动机螺栓及螺母

5.3.3 洗涤系统电路检测

1）洗涤系统电路查询。吉利帝豪EV450洗涤系统电路图如图5-3-1所示。

2）洗涤系统供电检查。操作起动开关，将电源模式置于ON状态，启动前风窗洗涤器开关。用万用表测量前风窗洗涤泵上线束插接器上CA38（图5-3-6）端子2的电压，电压应在11~14V之间。

3）检查前风窗洗涤电动机搭铁电路。用万用表测量前风窗洗涤电动机CA38端子1与车身搭铁的导通情况，电阻应小于1Ω。

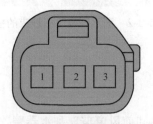

图5-3-6　CA38前风窗洗涤电动机线束插接器

5.3.4 洗涤电动机及洗涤液储液罐更换

（1）洗涤电动机的更换

1）断开蓄电池负极电缆，右转前轮至极限位置，拆卸右前轮罩衬板。

2）断开洗涤电动机线束插接器（图5-3-7）。

3）断开洗涤电动机上的洗涤液软管。

4）拆卸洗涤电动机（图5-3-8）。

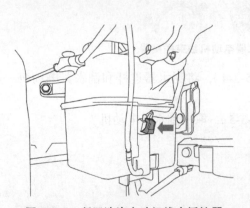
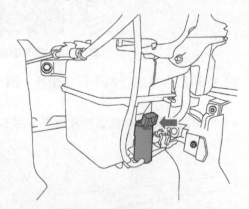

图5-3-7　断开洗涤电动机线束插接器　　图5-3-8　拆卸洗涤电动机

安装：洗涤电动机的安装可按照与拆卸相反的步骤进行。

（2）洗涤液储液罐的更换

1）断开蓄电池负极电缆，右转前轮至极限位置，拆卸右前轮罩衬板。

2）断开洗涤液泵线束插接器（图5-3-9）。

3）断开洗涤液泵软管（图5-3-10）。

项目 5　刮水器洗涤系统

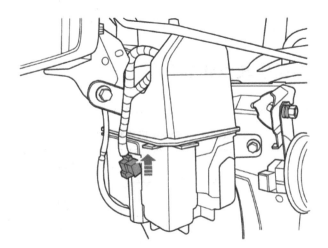

图 5-3-9　断开洗涤液泵线束插接器

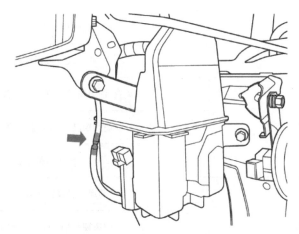

图 5-3-10　断开洗涤液泵软管

4）拆卸洗涤液储液罐 3 个固定螺栓（图 5-3-11）。

5）取下洗涤液储液罐。

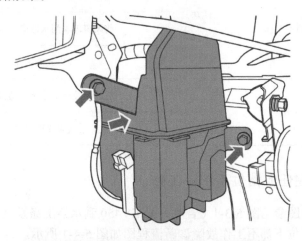

图 5-3-11　拆卸洗涤液储液罐 3 个固定螺栓

安装：洗涤液储液罐的安装可按照拆卸的相反步骤进行。

5.4 刮水器洗涤系统故障诊断分析★★★

刮水器洗涤系统常见故障症状及故障部位见表 5-4-1。

表 5-4-1 刮水器洗涤系统常见故障症状及故障部位

症　状	故障部位
刮水器在任何档位下都不工作	继电器
	熔丝
	前风窗玻璃刮水器开关总成
	前风窗玻璃刮水器电动机总成
	线束或插接器
刮水器在高速档不工作	前风窗玻璃刮水器开关总成
	前风窗玻璃刮水器电动机总成
	线束或插接器
刮水器在低速档不工作	前风窗玻璃刮水器开关总成
	前风窗玻璃刮水器电动机总成
	线束或插接器
刮水器在间隙档不工作	前风窗玻璃刮水器开关总成
	前风窗玻璃刮水器电动机总成
	线束或插接器
前洗涤器不工作	前风窗玻璃洗涤器电动机总成
	线束或插接器

5.4.1 刮水器在任何档位下都不工作

刮水器工作电路图参见图 5-3-1（吉利帝豪 EV450 刮水器洗涤系统电路图）。
刮水器在任何档位下都不工作故障诊断流程图如图 5-4-1 所示。

项目 5 刮水器洗涤系统

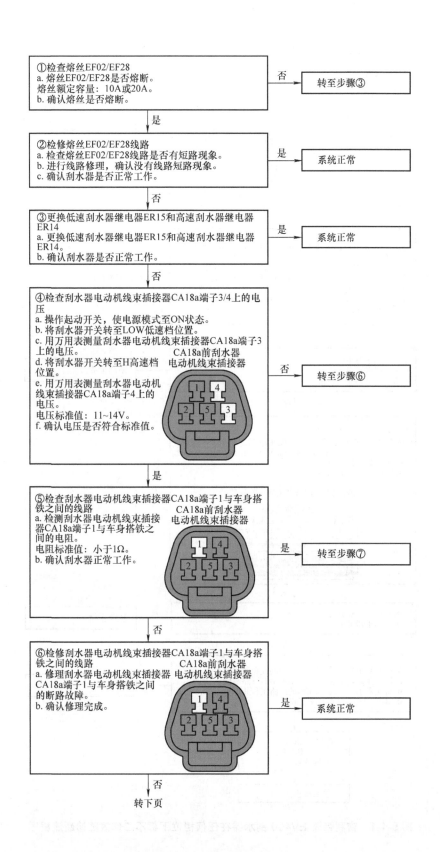

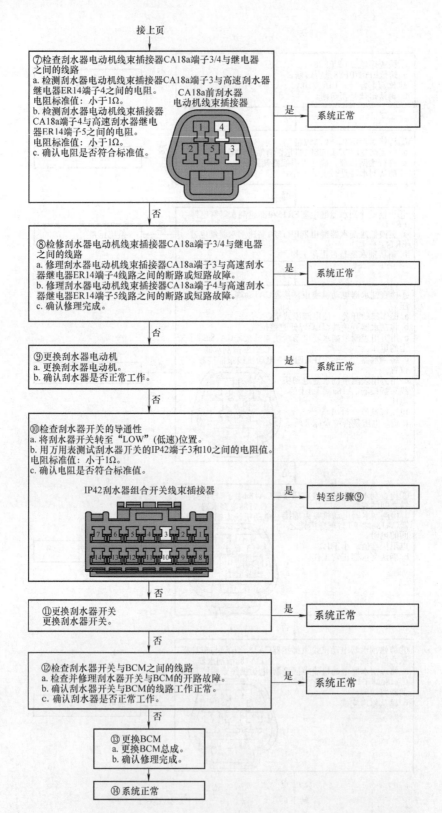

图 5-4-1　吉利帝豪 EV450 刮水器在任何档位下都不工作故障诊断流程图

5.4.2 刮水器在高速档不工作

刮水器高速档工作电路图参见图 5-3-1（吉利帝豪 EV450 刮水器洗涤系统电路图）。刮水器在高速档不工作故障诊断流程图如图 5-4-2 所示。

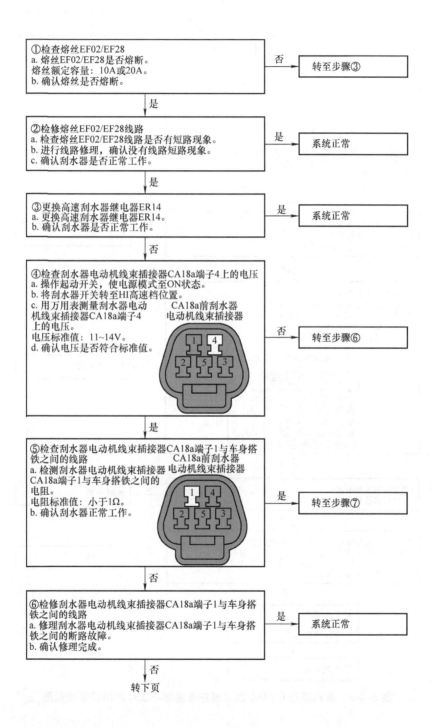

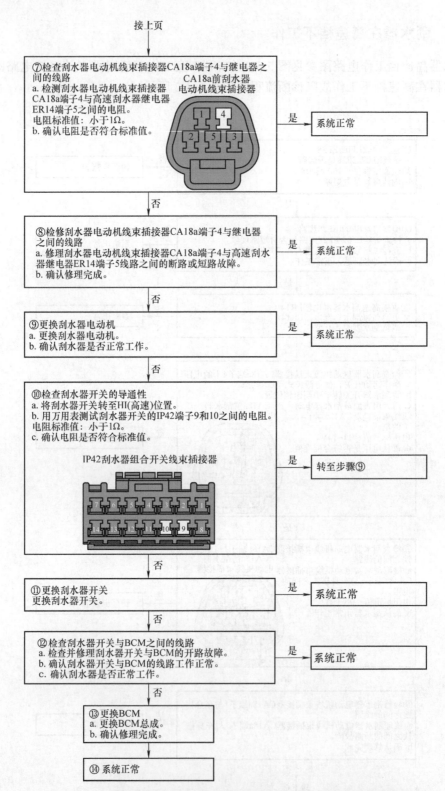

图 5-4-2 吉利帝豪 EV450 刮水器在高速档不工作故障诊断流程图

项目 6
空调系统

【知识目标】

（1）能够理解新能源汽车空调系统的组成和作用。
（2）能够了解新能源汽车和传统汽车的主要差别。
（3）能够掌握常见新能源汽车空调系统工作原理。

【技能目标】

（1）能够正确检查制冷暖风性能。
（2）能够正确检查保养制冷系统、过滤通风系统。
（3）能够正确检测维修制冷系统部件。
（4）能够正确维修暖风系统部件、通风系统部件。
（5）能够正确检测空调控制电路。
（6）能够正确诊断空调系统故障。
（7）作业结束后，能够正确收集、清洁和整理工具，对工位进行7S操作。

【素养目标】

（1）遵守工作场所的法律法规和政策，拥有高的安全意识。
（2）在需要的时候，协助他人并提供帮助。
（3）能够合理地分析和解决完成分配的任务时出现的问题。
（4）理解工作文件，报告书写清晰简洁。

6.1 新能源汽车空调系统概述

（1）新能源汽车空调系统的组成和作用

新能源汽车空调系统由制冷系统、供暖系统、通风和空气净化装置及控制系统组成。空调系统的作用是根据室外环境随时调节汽车内部的温度、湿度和通风状况，改善车内空气质量，保持最舒适的驾乘环境。

（2）新能源汽车和传统汽车的主要差别

新能源汽车对空调系统的要求与传统燃油汽车相同。不同的是两者压缩机驱动及制热方式不同。纯电动汽车没有发动机、插电式混动车型发动机不是实时工作的，传统燃油车型上的 V 带驱动式空调压缩机无法应用到新能源汽车上。没有了发动机暖风系统，就没有了热源，因而需要其他形式的制热装置。新能源汽车普遍采用电动空调压缩机和 PTC 加热器分别实现制冷和制热功能。

1）电动空调压缩机。电动空调压缩机使用小型三相交流发电机驱动压缩机，压缩机类型为涡旋式，压缩机与控制器集成一体，通过电机自身的旋转带动涡旋盘压缩，完成制冷剂的吸入和排出，为制冷循环提供动力。

涡旋式压缩机结构如图 6-1-1 所示，由电动机驱动的轴、螺旋形外盘和螺旋形内盘组成。

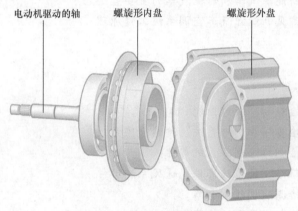

图 6-1-1　涡旋式压缩机结构

涡旋式压缩机工作原理如图 6-1-2 所示。螺旋形内盘由三相交流同步电机通过一根轴驱动并进行偏心旋转。通过固定式螺旋形外盘上的两个开口吸入低温低压气态制冷剂，然后通过两个螺旋形盘的移动使制冷剂压缩、变热。转动三圈后，吸入的制冷剂压缩、变热，可通过外盘中部的开口以气态形式释放。高温高压气态制冷剂从此处经油气分离器向冷凝器方向流至空调压缩机接口。电动制冷剂压缩机最高转速为 8600r/min，可产生约 3MPa 的最大工作压力。

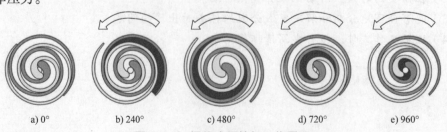

a) 0°　　b) 240°　　c) 480°　　d) 720°　　e) 960°

图 6-1-2　涡旋式压缩机工作原理

压缩机控制器与压缩机集成一体,控制器通过 IPM 模块变频调节电动压缩机转速,并且具有过电流、欠电压自动检测和保护功能。

2)PTC 加热器。PTC 是正温度系数(Positive Temperature Coefficient)的英文缩写。利用发热类 PTC 性能稳定、升温迅速、受电源电压波动影响小等特点制成的加热元件,在新能源汽车空调系统中得到广泛应用。

PTC 加热器由高压电网供电,整车控制器或空调控制器控制通断。根据空调控制面板输入的制暖信号,启动加热。冷却液被加热后流经加热器芯,鼓风机将热风吹入室内,实现暖风功能。

6.2 常见新能源汽车空调系统及原理

6.2.1 吉利帝豪 EV450 空调系统

吉利帝豪 EV450 采用自动空调,室内自动空调面板为乘员舱单温区控制器及动力电池温度控制器,能控制乘员舱的制冷及加热、动力电池的冷却及加热能控,为乘员舱提供舒适的温度,同时为动力电池提供恒温环境。

(1)吉利帝豪 EV450 空调系统基本组成

空调制冷系统由电动空调压缩机、冷凝器、蒸发器(装在空调主机内部)、空调高低压管等组成;暖风系统由 PTC 加热器、热交换器、PTC 加热器水泵等组成,如图 6-2-1 所示,空调主机内部透视图如图 6-2-2 所示。

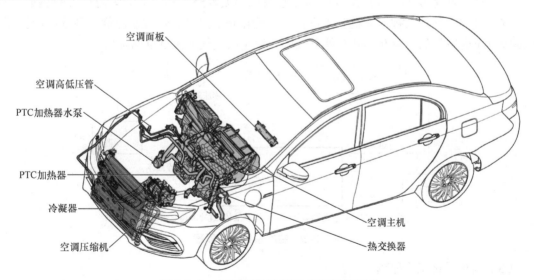

图 6-2-1 吉利帝豪 EV450 空调系统组成

电动空调压缩机高压电范围 200~450V,转速范围 800~9000r/min,泄压阀压力(3.8±0.3)MPa。加热器由电阻膜和散热元件组成,在一定范围内,加热的功率随电流变化而变化,电阻膜的电阻随温度变化的影响较小,因此电加热器可输出稳定的功率,从而为制热系统提供稳定的热源。加热器加热温度范围为 -40~120℃,高压电范围为 300~450V。

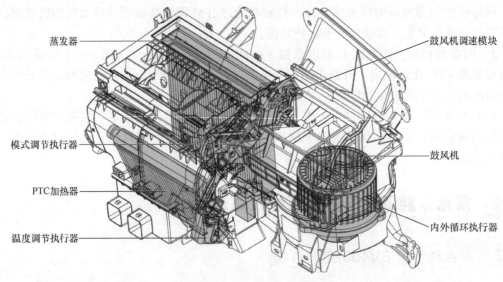

图 6-2-2 空调主机内部透视图

(2)制冷系统工作原理

吉利帝豪 EV450 自动空调制冷系统工作原理如图 6-2-3 所示。压缩机受高压电驱动,当压缩机工作时,压缩机吸入从蒸发器出来的低温低压的气态制冷剂,经压缩,制冷剂的温度和压力升高,并被送入冷凝器。在冷凝器内,高温高压的气态制冷剂把热量传递给经过冷凝器的车外空气而液化,变成液体。液态制冷剂流经膨胀阀时,温度和压力降低,并进入蒸发器。在蒸发器内,低温低压的液态制冷剂吸收经过蒸发器的车内空气的热量而蒸发,变成气体。气体又被压缩机吸入进行下一轮循环。这样,通过制冷剂在系统内的循环,不断吸收车内空气的热量并排到车外空气中,使车内空气的温度逐渐降低。

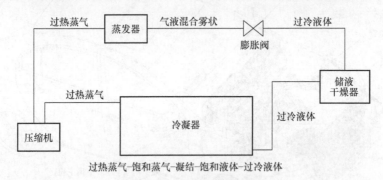

图 6-2-3 制冷系统工作原理

(3)制热系统工作原理

吉利帝豪 EV450 自动空调制热系统工作原理如图 6-2-4 所示。制热系统包括鼓风机和 PTC 加热器、加热器水泵、加热器芯体等组成。当自动空调系统处于加热模式时,PTC 加热器在高压电的作用下对冷却液进行加热,高温冷却液被加热器水泵抽入加热器芯。同时,冷暖温度控制电动机旋转至采暖位置,气流在鼓风机的作用下流过加热器芯,产生热量传递。外部空气在进入乘客舱前,与加热后的空气混合,吹出舒适的暖风。

项目 6 空调系统

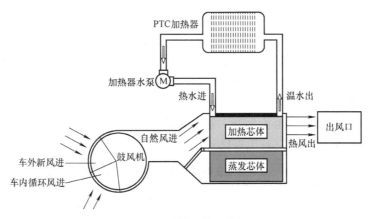

图 6-2-4 制热系统工作原理

6.2.2 比亚迪 e5 空调系统

（1）基本组成

比亚迪 e5 采用 BC14 型电动压缩机自动调节空调。

比亚迪 e5 空调系统由电动空调压缩机、冷凝器、空调机总成、制冷管路、PTC 加热器总成，电子风扇、冷却液膨胀箱、电子膨胀阀等组成，如图 6-2-5 所示，具有制冷、采暖、除霜除雾、通风换气等功能，控制方式为按键操纵式。该系统利用 PTC 加热器采暖，采用蒸汽压缩式循环制冷，制冷剂为 R410a，加注量为 430g。冷冻机油型号为 POE，加注量为 135mL。自动空调箱体的模式风门、冷暖混合风门及内外循环风门都由电动机控制。

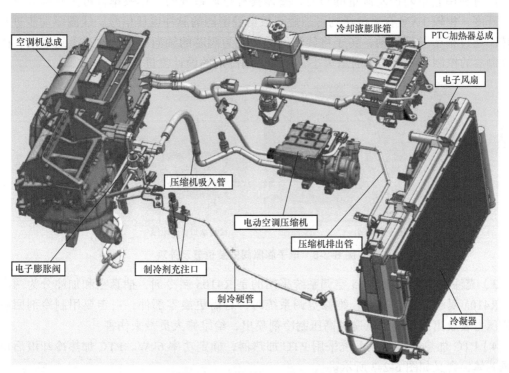

图 6-2-5 比亚迪 e5 空调系统组成

（2）控制组件

1）电动压缩机。制冷系统采用电动压缩机，额定功率2kW。电动压缩机位于前机舱左侧，固定在变速器上。制冷系统工作时，高压压力为2.0~3.0MPa，低压压力为0.5~1MPa，它在空调系统回路中起驱动制冷剂的作用，将机械能转换为热能。

目前，电动压缩机的主流形式是控制器与压缩机本体集成，其主要结构是压缩机与电控装置的组合体。比亚迪e5也不例外，它采用适合高电压、变频节能的一体化压缩机，类型为涡旋式。比亚迪e5电动空调压缩机外观及技术参数见表6-2-1。

表6-2-1 比亚迪e5电动空调压缩机外观及技术参数

项目	技术参数
排量/mL	14
转速范围/（r/min）	600~960
制冷剂	R410a
额定电压/V	653
冷冻油型号	POE
IPM温度保护范围	118℃停机
功率保护范围	5.5kW降速保护，6.1kW停机

（电源、CAN通信接口；接高压电控总成（插头带高压互锁端子））

2）电子膨胀阀。电子膨胀阀（与变频压缩机协同工作）安装位置及外观如图6-2-6所示，同时利用它精确控制流量的功能，整体提升空调系统的工作效率，可实时调节开阀速度、开度，相较TXV有更灵活的可控性。根据控制器的脉冲电压信号，线圈驱动步进转子旋转。通过精密丝杆传动，转子将旋转运动转化为阀芯的轴向移动。通过上述运动，阀芯在控制器的控制下调节阀体通道大小，以实现制冷剂的设计流量。

图6-2-6 电子膨胀阀安装位置及外观

3）充注阀口。比亚迪e5空调系统采用的是R410a制冷剂，抽真空和加注分为两套设备。R410a属于高压制冷剂，维修空调系统时，若需更换零部件，一定要用制冷剂回收设备或压力表放出制冷剂，以避免高压制冷剂喷出，给维修人员带来伤害。

4）PTC加热器。暖风系统采用PTC加热器，额定功率6kW。PTC加热冷却液后供给暖风芯体，含义如图6-2-7所示。

项目6 空调系统

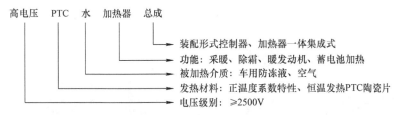

图 6-2-7 PTC 加热器的含义

PTC 加热器自带冷却液温度传感器、高压互锁装置、IGBT 温度传感器、电压采集、电流采集及对应的自动保护程序，安装位置如图 6-2-8 所示。PTC 加热器外观及技术参数见表 6-2-2。

PTC 加热器上装有冷却液温度传感器，以监测流经 PTC 加热器后的冷却液温度。PTC 加热器的输出功率由空调控制器根据车内温度、设定温度、冷却液温度等信息综合判断后决定。

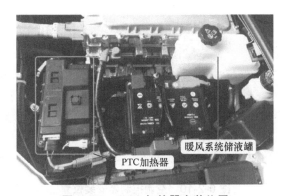

图 6-2-8 PTC 加热器安装位置

表 6-2-2 PTC 加热器外观及技术参数

项目	技术参数
额定电压 /V	640
工作电压范围 /V	396~752
功率 /kW	5 ± 0.4
绝缘等级	（2200 ± 20）VAC 漏电电流 < 5mA
	（1000 ± 20）VAC 绝缘阻值 > 50MΩ
重量 /kg	3.97
低压工作范围 /V	9~16

5）暖风电动水泵。暖风电动水泵安装在电动压缩机后上方，在四合一总成安装支架上固定，如图 6-2-9 所示。

6）空调控制器。空调控制器是空调系统的总控中心，负责协调控制空调系统的工作。它安装在蒸发器底部，如图 6-2-10 所示。空调控制器在整车 CAN 中属于舒适网，但它与

131

电动压缩机模块、PTC 模块组成一个空调子网。

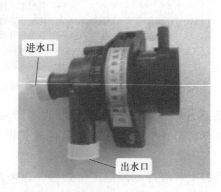

图 6-2-9　暖风电动水泵安装位置及外观

图 6-2-10　空调控制器安装位置

7）传感器。在空调系统中，ECU 根据各种传感器的信号和设定的温度进行自动调节，以达到车内预定的温度。相关传感器主要有车内温度传感器、车外温度传感器、阳光传感器、蒸发器温度传感器、出风口温度传感器等。压力传感器、室外温度传感器、阳光传感器位置如图 6-2-11 所示。

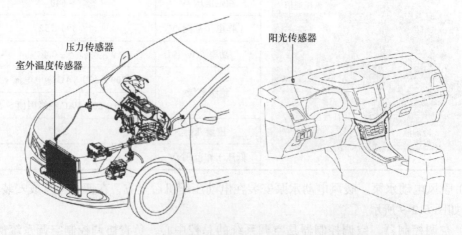

图 6-2-11　压力传感器、室外温度传感器、阳光传感器位置

项目 6 空调系统

室内温度传感器和室外温度传感器影响车内空气温度的自动控制，这些传感器都是对温度敏感的热敏元件，传感器的电阻与温度成反比，电阻值确定了传给空调控制模块信号的级别。室内温度传感器吸入车内空气，以确定乘客舱的平均气温、温度风门的位置、鼓风机的转速、进气门的位置及模式门的位置。

室外温度传感器是自动空调的重要传感器之一，它能影响出风口空气的温度、出风口风量、模式风门和进气风门的位置等，一般安装在前保险杠内或散热器上。

蒸发器温度传感器一般安装在蒸发器翅片上。蒸发器温度传感器的作用是检测蒸发器表面的温度，一是用来修正空气混合风门位置，调节车内温度；二是控制鼓风机转速；三是控制压缩机，防止蒸发器表面结冰。

阳光传感器（又叫阳光强度传感器）位于仪表板上部装饰衬垫中间。阳光传感器通过测量阳光的强弱来修正温度风门的位置与鼓风机的转速。当阳光增强时，温度风门移向"冷"侧，鼓风机转速提高；当阳光减弱时，温度风门移向"热"侧，鼓风机转速降低。实时自动调整空调风量和冷、热风混合比例，让所有乘员均能获得最舒适的感觉。

压力传感器将制冷剂高压管路的压力值转换为电压值，空调控制模块根据此信号控制冷却风扇低速或高速运转，通常采用的是压敏电阻型。压力传感器安装在空调高压管路上，如图 6-2-12 所示。当检测到空调制冷管路压力过低或过高时，控制系统停止运转压缩机，以免对空调系统造成损坏。当制冷剂压力达到中等压力值时，散热器风扇高速运转，从而降低空调制冷剂压力。

图 6-2-12　压力传感器（空调高压管路）

（3）制冷系统工作原理

比亚迪 e5 制冷系统工作原理如图 6-2-13 所示。由空调驱动器驱动的电动压缩机将气态的制冷剂从蒸发器中抽出，并将其压入冷凝器。高压气态制冷剂经冷凝器时液化而进行热交换（释放热量），热量被车外的空气带走。高压液态的制冷剂经膨胀阀的节流作用而降压，低压液态制冷剂在蒸发器中气化而进行热交换（吸收热量），蒸发器附近被冷却了的空气通过鼓风机吹入车厢。气态的制冷剂又被压缩机抽走，泵入冷凝器，如此使制冷剂进行封闭的循环流动状态，不断地将车厢内的热量排到车外，使车内的气温降至适宜的温度。

（4）供暖系统工作原理

比亚迪 e5 供暖系统工作原理如图 6-2-14 所示。供暖系统采用 PTC 加热器总成加热冷却液，冷却液先由水泵抽空调暖风副水箱总成内的冷却液泵入 PTC 加热器总成，加热后的冷却液流经暖风芯体，再回流至空调暖风副水箱总成，如此循环。加热后的空气，通过鼓风机鼓风将热量送至乘员舱或风窗玻璃,用以提高车内温度和除霜。

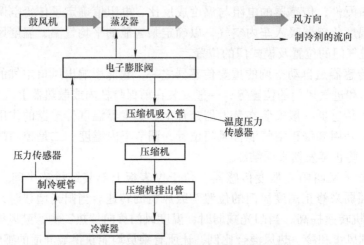

图 6-2-13 比亚迪 e5 制冷系统工作原理

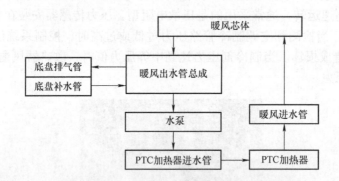

图 6-2-14 比亚迪 e5 供暖系统工作原理

6.3 制冷暖风性能检查★

6.3.1 出风口制冷温度和湿度检测

(1)出风口制冷温度检查

汽车空调控制面板和出风口如图 6-3-1 所示。检查汽车空调出风口制冷温度之前,要操作空调控制面板将空调设置到最大制冷、风量最大、直吹的位置,并将所有的通风口打开,空气内循环,按下 A/C 开关,全部车门关闭。把温度计插入直吹通风口 5cm 面处测量空调出风口温度 10min,如图 6-3-2 所示,如果温度计显示温度在 4~10℃,说明汽车空调出风口温度正常符合标准。

注:汽车空调出风口温度范围通常是 4~10℃,德系和美系车在 8℃以下,韩系和日系车在 10℃以下。

项目 6 空调系统

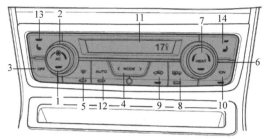

1—A/C按键	8—后风窗/外后视镜除霜按键
2—风量调节旋钮	9—内外循环按键
3—OFF按键	10—空气净化器按键
4—风向调节按键	11—显示屏
5—前风窗除霜除雾按键	12—AUTO按键
6—温度调节旋钮	13—驾驶人座椅加热按键
7—加热按键	14—前排乘员侧座椅加热按键

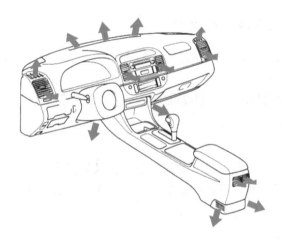

图 6-3-1 汽车空调控制面板和出风口

空调出风口温度高，会使车内人员感觉不到清爽的凉风。出风口出风温度高的故障原因如下：

① 被切换到外循环。
② 环境温度过高。
③ 外循环风门卡滞关闭不严。
④ 内外循环电动机故障。
⑤ 温度控制机构异常。
⑥ 温度控制电动机异常。
⑦ 阳光传感器异常。
⑧ 空调控制模块异常。

图 6-3-2 检查空调出风口制冷温度

（2）出风口制冷湿度检查

可用温度、湿度检测仪检查汽车空调出风口的湿度，常见的温度、湿度检测仪如图 6-3-3 所示。

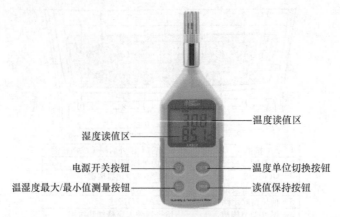

图 6-3-3　温度、湿度检测仪

6.3.2　出风口暖风温度和湿度检测

出风口暖风温度检查与出风口制冷温度检查方法类似，只是空调制暖时，出风口温度减去进风口温度应大于 16℃。

出风口暖风湿度检查与出风口制冷湿度检查方法也类似。

6.3.3　风速检测

空调出风口风速检查。将空调温度调到最低，风量最大，使所有出风口全开，并切换至空气循环模式，检查出风口气流的强弱，如图 6-3-4 所示，测得该车空调出风口风速为 4.43m/s。

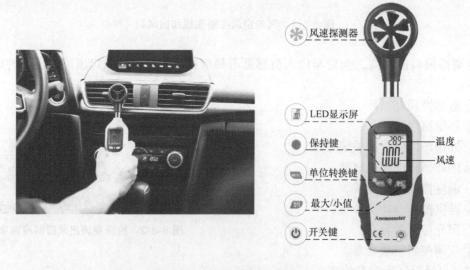

图 6-3-4　检查空调出风口风速

空调出风口风速小，会使车内人员感受不到清爽的风，空调出风口风速小的主要原因如下：

① 仪表台出风口堵塞。
② 仪表台出风口风道漏风。
③ 风向控制机构异常。
④ 风向控制电动机异常。
⑤ 鼓风机转速低。
⑥ 鼓风机调速模块异常。
⑦ 空调管路结冰。
⑧ 空调控制模块异常。

6.3.4　制冷管路压力检测

空调制冷系统有高压端压力和低压端压力，在空调工作正常时，高、低压端压力应符合要求，否则说明有故障，在日常检修中可先对空调制冷系统进行压力检测来判断大概故障部位。

（1）空调制冷系统压力的检查步骤

1）安装歧管压力表组（图 6-3-5）。

图 6-3-5　歧管压力表组

2）找到低压侧和高压侧维护阀。将软管的一端与歧管压力表相连，另一端与车辆侧的连接口相连，如图 6-3-6 所示。**注意：将低压维修阀与低压侧软管（蓝色）连接，高压维修阀与高压侧软管（红色）连接。**

3）压力检查（用歧管压力表查找故障部位）的前提条件是：鼓风机转速处于高速状态；温度控制开关置于最冷位置。具体操作如下：

① 将歧管压力表接在压缩机的高、低压检修阀上。

② 打开空调，起动压缩机。

③ 温度键置于"COOL"位置，风扇转速处于最高档位置。

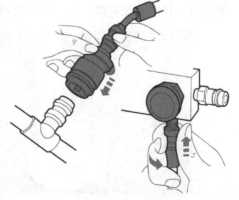

图 6-3-6　连接歧管压力表（高压侧）

④ 观测高、低压表的数值,此时高压表值应为1.2~1.7MPa,低压表值应为0.2~0.4MPa。

⑤ 检测完毕后,关闭空调,卸掉压力表组,把检修阀的护帽旋回。

(2)空调制冷系统高、低压结果分析

压力表的高、低压侧压力读数均很低,说明制冷剂不足。若空调系统工作一段时间出现此现象,可能是制冷系统内某处出现泄漏,必须找出漏点并加以排除。

压力表高、低压侧压力读数均过高,很可能是制冷剂过多引起,应从低压侧放出一部分制冷剂,直到压力表显示规定压力为止。若开始时正常,后来出现上述现象,这是冷凝器散热差造成的。可检查冷凝器散热片是否堵塞、风扇传动带是否过松,风扇转速是否正常,并予以排除。

经上述方法排除后,高、低压侧压力还是高,可能是加注制冷剂过程中没有将空气抽尽,制冷系统内有空气,清洁冷冻油,重新加注制冷剂。

压力表读数其低压侧读数偏高,高压侧读数偏低,若增加空调温度,高低压变化都不大,这种情况一般是压缩机工作不良造成。应检查压缩机内阀片是否损坏,活塞及环是否磨损,并予以排除。

压力表读数中低压侧出现真空,高压侧压力过低,这种情况多出现在膨胀阀感温包内的制冷剂完全泄漏,使膨胀阀打不开,制冷剂不流动,系统不能制冷。排除的办法是更换或拆修膨胀阀。

6.3.5 制冷剂泄漏检测

空调制冷系统常用的检漏方法有外观检漏、肥皂泡检漏、荧光剂或染料检漏、电子检漏仪检漏、真空检漏、压力检漏等。

1)外观检漏。制冷剂泄漏严重往往会渗出冷冻油,若发现在某处有油污渗出,可进一步用清洁的白纸擦拭或用手直接触摸检查。若仍有油冒出,则可能有渗漏。

2)肥皂泡检漏。电子检测仪很难进入的漏点,要想确定泄漏的准确位置,可采用肥皂泡检漏。将全部接头或可疑区段抹上肥皂液;观察肥皂泡的出现情况,肥皂泡形成处就是漏点所在,如图6-3-7所示。

3)荧光剂或染料检漏。将荧光剂加入空调系统(加注方法与加注冷冻油相同),使空调运转,打开荧光电筒,若空调系统有泄漏,可看见泄漏处有荧光,如图6-3-8所示。

图 6-3-7 肥皂泡检漏

图 6-3-8 荧光剂检漏

4）电子检漏仪检漏。电子检漏仪检漏如图 6-3-9 所示。

图 6-3-9　电子检漏仪检漏

6.4　制冷系统检查保养★

6.4.1　制冷剂的回收与加注

（1）制冷剂回收加注机功能

制冷剂回收加注机（图 6-4-1）是歧管压力表、真空泵、制冷剂储液罐等设备的替代产品，能够集制冷剂回收、再生、抽真空、加注、检漏等多功能于一体。其主要功能如下：

- 电源开关：电源开关向控制面板供电。

- 显示屏：显示屏显示编程设定的抽真空所需时间和重新加注的制冷剂重量。

- 低压侧压力表：显示系统低压侧压力。

- 高压侧压力表：显示系统高压侧压力。

- 键盘：包括控制各种操作功能的控制钮。

- 低压阀门：用于连接空调系统低压侧和加注机。

- 高压阀门：用于连接空调系统高压侧和加注机。

- 储罐压力表：显示制冷剂储液罐内的压力。

图 6-4-1　制冷剂回收加注机控制面板

①制冷剂回收：依靠本机系统内部的压缩过滤装置把空调管路内的制冷剂回收到工作罐内。

②制冷剂再生：可分离空调系统内的冷冻油和水分，达到再利用的标准，保证制冷剂的纯净，从而使制冷剂循环使用。

③制冷剂加注：设定加注制冷剂量，向车辆加入相应量的同类型制冷剂。

④空调检漏：检测空调制冷剂管路是否存在泄漏，确保制冷剂管路密封良好。

⑤抽真空：给空调管路及设备管路抽真空。

⑥加注冷冻油：设定冷冻油量，向空调系统加入冷冻油。

（2）制冷剂回收

①将带快速接头的高压侧软管连接到空调系统的高压侧接头上。

②打开高压侧接头阀。

③将带快速接头的低压侧软管连接到空调系统的低压侧接头上，如图6-4-2所示，红色接头接高压软管，蓝色接头接低压软管。图6-4-3所示为高、低压侧快速接头及软管。

图6-4-2　将高/低压快速接头的软管连接到车辆空调系统的高/低压侧接头上

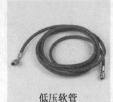

图6-4-3　高、低压侧快速接头及软管

④打开低压侧接头阀。

提示：在回收过程中，如果空调系统中没有制冷剂了，这时压力表指针显示负压，为抽真空状态，应立即停止回收操作，否则会将空气吸入回收罐，甚至损坏回收机中的压缩机。

⑤检查加注机控制面板上的高压侧和低压侧压力表，确保空调系统有压力。如果没有压力，则说明空调系统中没有可回收的制冷剂。

⑥打开高压侧和低压侧阀门。

⑦打开制冷剂罐上的气体和液体阀。

⑧排空油液分离器中的制冷剂。

⑨ 关闭放油阀。
⑩ 将加注机连接到合适的电源插座上。
⑪ 接通主电源开关。

注意：禁止将旧的制冷剂和新的制冷剂混合在一起。旧油中可能沉淀有铝或混有其他异物。重新加注空调系统时，务必使用新的制冷剂。正确报废使用过的制冷剂。部分空调系统的冷冻油可能会随同制冷剂一起被回收。回收的冷冻油量不定。加注机能将冷冻油和制冷剂分离，因此能确定回收的冷冻油量。重新加注时，要添加等量冷冻油。

⑫ 开始回收过程。参见制冷剂回收加注机使用说明书，详细了解其使用方法。
⑬ 等候5min，然后检查控制面板低压侧压力表。如果空调系统保持真空，则说明回收完毕。
⑭ 如果低压侧压力表从零开始回升，则说明空调系统中还有制冷剂。回收剩下的制冷剂。重复本步骤，直到空调系统能保持真空5min。

（3）空调系统排空

加注机制冷剂罐必须装有足够量的制冷剂以进行加注。检查罐内制冷剂量。如果制冷剂量不到3.6kg（因车型而异），则向制冷剂罐中添加新的制冷剂。详见制冷剂回收加注机使用说明书，了解添加制冷剂的方法。

① 检查高压侧和低压侧软管是否连接到空调系统上，打开加注机控制面板上的高压侧和低压侧阀。
② 打开制冷剂罐上的气体和液体阀。

提示：必须先将系统排空，才能重新加注新制冷剂或经过再生处理的制冷剂。

③ 起动真空泵并开始排空程序。在回收过程中，不可凝结的气体（大部分为空气）自动从罐中排出，会听到泄压声。
④ 检查系统是否泄漏。

（4）空调系统冷冻油（润滑油）的加注补充

提示：必须补充回收期间从空调系统排出的冷冻油。

① 使用专用的带刻度的瓶装冷冻油。
② 向系统添加适量冷冻油。
③ 当注入的油量达到要求时，关闭阀门。

注意：切记盖紧冷冻油瓶盖，以防湿气或污染物进入冷冻油。这项操作要求空调系统有一定的真空度，禁止在空调系统有正压时打开冷冻油加注阀，否则会导致冷冻油通过油瓶通气口回流。加注或补充冷冻油时，油面不可低于吸油管，否则空气会进入空调系统。

（5）加注制冷剂

注意：加注前，需先将空调系统排空。

① 关闭控制面板上的低压侧阀。
② 关闭控制面板上的高压侧阀。
③ 向空调中加注必需的制冷剂量。
④ 开始加注。

提示：进行单管加注，即关闭低压阀，打开高压阀。

⑤ 加注完成后，根据界面显示，关闭快速接头，取下高、低压管。

(6)制冷剂加注完成

① 关闭加注机控制面板上的高、低压侧阀。
② 起动车辆和空调系统。
③ 保持压缩机运行,直到高压侧压力表和低压侧压力表读数稳定。
④ 将读数与系统规格进行比较。
⑤ 检查蒸发器出口温度,确保空调系统的操作符合系统规格。
⑥ 保持空调运行。
⑦ 关闭高压侧快速接头阀。
⑧ 从车上断开高压侧软管。
⑨ 在控制面板上打开高压侧和低压侧阀。空调系统将通过低压侧软管迅速吸入两条软管中的制冷剂。
⑩ 关低压侧快速接头阀。
⑪ 从车上断开低压侧软管。

6.4.2 冷凝器的清洗

冷凝器安装在汽车最前端,其目的就是为了在汽车行驶时靠迎面的来风使管路中的制冷剂降温。如果冷凝器失效,则有可能导致管路压力失衡,导致空调出现故障。冷凝器的作用是增大接触面积让制冷剂在尽量小的位置实现最大的热交换。冷凝器的清洗步骤如下:

1)打开前机舱盖,打开可视化空调系统蒸发器/冷凝器清洗工具的工具盒(图6-4-4),将带显示屏的主机安装到手柄上(图6-4-5)。

图6-4-4 空调系统蒸发器/冷凝器清洗工具

图6-4-5 将带显示屏的主机安装到手柄上

2)打开空调蒸发器/冷凝器清洗剂的瓶盖,用螺丝刀捅破封口锡箔,将清洗剂安装到可视化空调系统蒸发器/冷凝器清洗工具上(图6-4-6),并确认安装无松动。

图6-4-6 安装清洗剂到清洗工具上

3）连接气源，按主机上部的开机按钮打开内窥镜，将内窥镜探头插入冷凝器前部（图 6-4-7），找到空调冷凝器的位置（图 6-4-8）。

图 6-4-7　将内窥镜探头插入冷凝器前部　　　图 6-4-8　找到空调冷凝器的位置

4）扣动手柄开关，对空调冷凝器进行清洗，变换位置以便于清洗整个冷凝器。冷凝器清洗前后对比如图 6-4-9 所示。

a) 清洗前　　　　　　　　　　　　　　b) 清洗后

图 6-4-9　冷凝器清洗前后对比

6.5　过滤通风系统检查保养★

6.5.1　空调滤清器的更换

安装在杂物箱内的空调滤清器更换步骤如下：

1）首先要打开杂物箱，将杂物箱的连接卡扣移开后拆下杂物箱（图 6-5-1）。拆除掉杂物箱之后，找到空调滤清器（图 6-5-2）。

 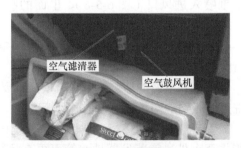

图 6-5-1　拆卸杂物箱　　　　　　　　　图 6-5-2　空调滤清器位置

2)拆卸空调滤清器的塑料盖板,抽出空调滤清器(图6-5-3),清洁空调滤清器盒。

3)将新的空调滤清器装入,注意安装方向,应按照空调滤清器上箭头指示的空气流动方向安装(图6-5-4),最后安装空调滤清器盖板(图6-5-5)。

图6-5-3 拆卸空调滤清器塑料盖板

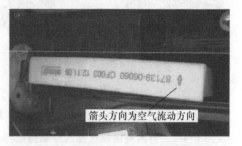
图6-5-4 安装新的空调滤清器

图6-5-5 安装空调滤清器盖板

6.5.2 通风管路的清洗

清洗通风管路步骤如下:

1)清洗前,先把空调滤清器从外框上取下,再将外框装回去,防止清洗时清洗剂通过滤清器安装口流出来。

2)清洗汽车空调系统时,先打开车门、车窗,再开启空调并将通风模式开关置于外循环位置,将温度调节开关置于冷热中间位置,将鼓风机开关置于最高档。

3)关闭所有的空调出风口,避免即将喷入的空调清洗剂从出风口喷出。找出空调进风口吸力最大的位置,然后将清洗剂喷入进风口(图6-5-6)。里面的吸力会将清洗剂吸入,从而进行空调管道的清洗。

4)结束空调清洗剂的喷射后,启用空调内循环模式,使清洗剂在空调送风系统内进行内循环。

为了达到全面清洁,每个送风模式都要启用一下,确保清洗剂循环到空调系统的各个通风管道。

图6-5-6 将清洗剂喷入进风口

随着清洗过程的进行,空调送风系统内的污物会随着清洗剂从位于底盘处的蒸发器排水管排至车外。待蒸发器排水管不再有污物和泡沫排出时,逐一打开车内的空调出风口。若有污物和泡沫由此排出,可用抹布擦拭干净。

待蒸发器排水管和车内的空调出风口均不再有污物和泡沫排出时，更换新的空调滤清器，清洗工作结束。

6.5.3 蒸发器和鼓风机清洗

（1）清洗蒸发器

① 准备清洗汽车的空调蒸发器需要喷射清洗枪，如图6-5-7所示。

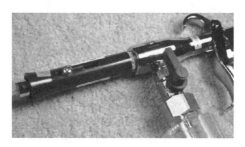

图6-5-7 喷射清洗枪

② 先将喷射清洗枪装上清水对着空调蒸发器进行喷射清洗后，将除垢剂喷洒在蒸发器上去垢，如图6-5-8所示。

图6-5-8 喷洒除垢剂

③ 等待3~5min后，待去垢完成后重新使用喷射清洗枪冲洗污垢，如图6-5-9所示。

图6-5-9 重新使用喷射清洗枪冲洗污垢

④用空压机吹气将空调蒸发器上的水珠全部吹掉，然后撒上消毒剂即可完成清洗。

（2）清洗鼓风机

鼓风机长期使用会不断累积灰尘污垢，会滋生大量致病菌、螨虫和霉菌等。打开空调时，有些病菌会随着空气由出风口进入车内，会危害人的呼吸系统，因此在清洗空调时清洗鼓风机是十分有必要的。

目前清洗空调鼓风机较为专业的操作办法是，利用空调清洗设备加入专用清洗剂于设备中，将风口调至外循环，启动设备并在排水口端喷入。利用空调清洗设备的优缺点如下：

优点：效果更明显、快捷。

缺点：各车型排水口位置不一，操作上难度有点大。

6.5.4 鼓风机检查及电阻测量

（1）空调鼓风机及调速器的检查

按下鼓风机开关后，检查鼓风机工作时是否有异常声响，是否有异物塞住叶片或碰到其他部件；然后从低档到高档分别拨动调速开关，每档让鼓风机转动5min，检查其吹出的风量是否有变化，若没有变化，则可能是鼓风机调速器损坏或调速电阻损坏，应及时更换。

（2）鼓风机电阻测量

鼓风机电阻的主要作用是控制风速的快慢。大部分车型利用鼓风机电阻控制鼓风机转速，如果鼓风机电阻损坏，则鼓风机无法调速或者鼓风机只有最大或者最小转速。

鼓风机实际上是直流电动机，测量其电阻值，如果测量值是无穷大，说明电动机内部断路，如果测量值为0，说明电动机内部短路。

6.6 制冷系统部件检测维修★★

6.6.1 空调控制面板拆装

空调控制面板拆装步骤如下：

1）打开行李舱盖，断开蓄电池负极电缆。

2）脱开空调控制面板固定卡扣（图6-6-1）。

3）断开空调控制面板线束插接器（图6-6-2），取出空调控制面板。

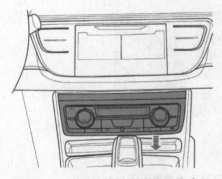

图6-6-1 脱开空调控制面板固定卡扣

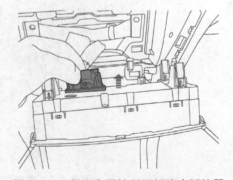

图6-6-2 断开空调控制面板线束插接器

安装：空调控制面板的安装可按照与拆卸相反的步骤进行。

6.6.2 电动压缩机总成拆装

电动压缩机总成拆装步骤如下：

1）打开前机舱盖，操作空调制冷剂的回收程序。断开蓄电池负极电缆，断开车载充电机处直流母线。

2）断开电动压缩机低压线束插接器①（图6-6-3）。

3）断开电动压缩机高压线束插接器②。

4）拆卸制冷空调管（压缩机侧）固定螺栓（图6-6-4），脱开空调管。

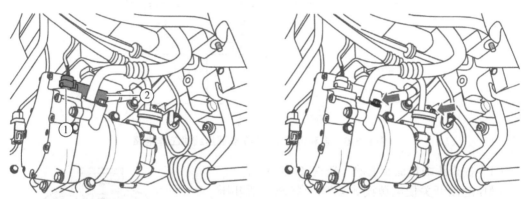

图6-6-3　断开低压线束插接器①、高压线束插接器②　　图6-6-4　拆卸制冷空调管（压缩机侧）固定螺栓

5）拆卸电动压缩机侧三个固定螺栓（图6-6-5），取下电动压缩机。

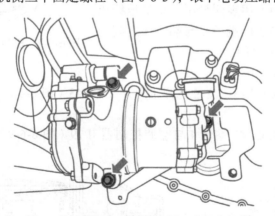

图6-6-5　拆卸电动压缩机侧三个固定螺栓

安装：安装过程可按与拆卸相反的步骤进行。

注意：在安装过程中涉及的O形圈，都必须更换新件。

6.6.3 空调压缩机控制电路检测

吉利帝豪EV450空调压缩机工作电路如图6-6-6所示。

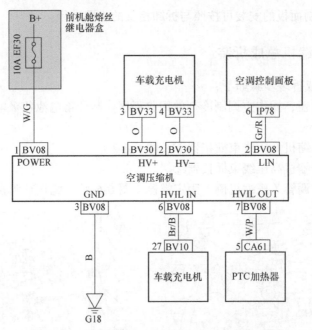

图 6-6-6 吉利帝豪 EV450 空调压缩机工作电路

（1）检查压缩机低压电源、搭铁之间的电压

操作起动开关使电源模式至 OFF 状态，断开压缩机低压线束插接器 BV08，操作起动开关使电源模式至 ON 状态。

打开空调，同时用万用表测量压缩机低压线束插接器 BV08（图 6-6-7）的端子 1 与端子 3 之间的电压，电压应在 11~14V 之间。

图 6-6-7 BV08 压缩机低压线束插接器

（2）检查空调压力开关线路

断开空调压力开关 CA43，测量空调压力开关 CA43（图 6-6-8）端子 2 与搭铁之间的电阻，电阻应小于 1Ω。

测量空调压力开关 CA43 端子 4 与空调控制器 IP79（图 6-6-9）端子 33 之间的电阻，电阻应小于 1Ω。

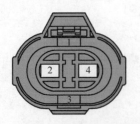

图 6-6-8 CA43 空调压力开关线束插接器

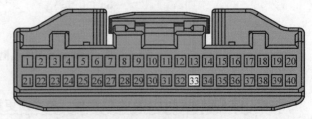

图 6-6-9 IP79 空调控制器线束插接器

（3）检查压缩机高压电源电压

操作起动开关使电源模式至 OFF 状态，断开车载充电机直流母线。断开压缩机高压线束插接器 BV30，连接车载充电机直流母线，操作起动开关使电源模式至 ON 状态。打开空

调,同时用万用表测量压缩机高压线束插接器 BV30(图 6-6-10)端子 1 和端子 2 之间的电压,电压应在 274.4~411.6V 之间。

图 6-6-10　BV30 压缩机高压线束插接器

6.6.4　制冷系统管路拆装

制冷系统管路拆装步骤如下:

1)打开行李舱盖,操作空调制冷剂的回收程序。断开蓄电池负极电缆。拆卸前保险杠上部装饰板。拆卸右前照灯。拆卸空调压力开关。

2)拆卸制冷空调管连接接口固定螺栓①、制冷空调管支架固定螺栓②、制冷空调管蒸发器侧螺母③(图 6-6-11),脱开两根空调管。

注意:拆装蒸发器侧管路接头时使用两把扳手,其中一把用来固定蒸发器侧的管路,防止损坏管路。

3)拆卸制冷空调管连接接口固定螺母①、制冷空调管支架固定螺栓②(图 6-6-12)。

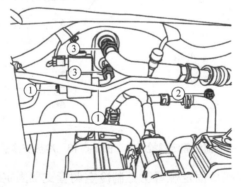

图 6-6-11　空调管连接接口固定螺栓①、支架固定螺栓②、蒸发器侧螺母③

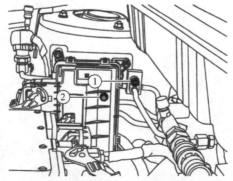

图 6-6-12　制冷空调管连接接口固定螺母①、支架固定螺栓②

4）拆卸制冷空调管支架固定螺母①、制冷空调管连接接口固定螺母②（图6-6-13）。

注意：拆装空调管路接口时使用两把扳手，其中一把要固定空调管路另一侧，防止损坏管路。

5）拆卸制冷空调管支架两个固定螺栓（图6-6-14）。

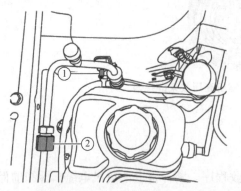
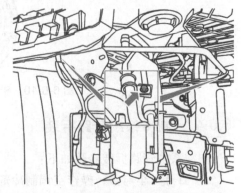

图6-6-13　制冷空调管支架固定螺母①、接口固定螺母②　　　图6-6-14　制冷空调管支架两个固定螺栓

6）拆卸制冷空调管冷凝器侧固定螺栓①（图6-6-15）。

7）拆卸制冷空调管冷热交换器侧固定螺母①、固定螺母②（图6-6-16）。

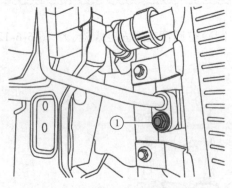
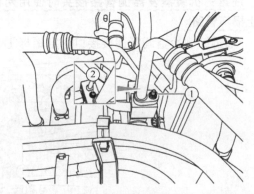

图6-6-15　制冷空调管冷凝器侧固定螺栓①　　　图6-6-16　冷热交换器侧固定螺母①、固定螺母②

8）拆卸制冷空调管连接口固定螺母①、制冷空调管支架固定螺栓②（图6-6-17）。

9）拆卸制冷空调管压缩机侧两个固定螺栓（图6-6-18），脱开两根空调管。

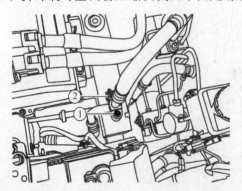
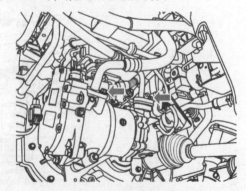

图6-6-17　制冷空调管连接口固定螺母①、支架固定螺栓②　　　图6-6-18　压缩机侧两个固定螺栓

10）拆卸制冷空调管冷凝器侧固定螺栓①（图6-6-19）。
11）取下制冷空调管总成。

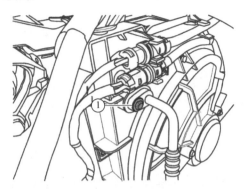

图6-6-19　制冷空调管冷凝器侧固定螺栓①

安装：制冷系统管路的安装可按照拆卸的相反步骤进行。

6.6.5　蒸发箱体及蒸发器的拆装

蒸发箱体及蒸发器的拆装步骤如下：

（1）拆卸空调主机总成

1）拆卸制冷空调管连接接口固定螺栓①、制冷空调管支架固定螺栓②、制冷空调管蒸发器侧螺母③（图6-6-20），脱开两根空调管。

注意：拆装蒸发器侧管路接头时使用两把扳手，其中一把用来固定蒸发器侧管，防止损坏管路。

2）拆卸环箍，脱开暖风管（暖风机侧）（图6-6-21），取下暖风水管。

注意：水管脱开前，应在车辆底部放置容器，接住防冻液，以免污染地面。

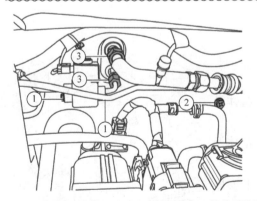 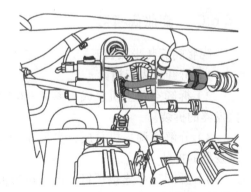

图6-6-20　固定螺栓①、支架固定螺栓②、蒸发器侧螺母③　　图6-6-21　环箍、暖风管

3）拆卸空调主机总成上部出风口固定螺钉（图6-6-22）。
4）拆卸空调主机总成五个固定螺母和一个螺栓（图6-6-23），取下空调主机总成。

（2）分解空调主机总成（分离蒸发器总成和鼓风机总成）

1）拆卸蒸发器总成和鼓风机总成三个连接螺钉①（图6-6-24）。

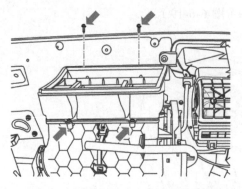 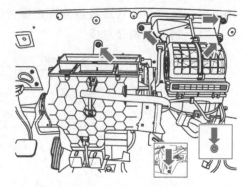

图 6-6-22　空调主机总成上部出风口固定螺钉　　图 6-6-23　空调主机总成固定螺母和螺栓

2）拆卸空调线束插接器②（图 6-6-24），分离蒸发器总成和鼓风机总成。

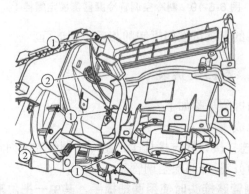

图 6-6-24　鼓风机总成连接螺钉①、空调线束插接器②

安装：蒸发箱体及蒸发器的安装大致可按与拆卸相反的步骤进行。

6.6.6　膨胀阀拆装

膨胀阀拆装步骤如下：

1）拆卸仪表板横梁。

2）拆卸空调主机总成，参见 6.6.5 蒸发箱体及蒸发器的拆装。

3）分解空调主机总成，参见 6.6.5 蒸发箱体及蒸发器的拆装。

4）拆卸三个连接螺钉（图 6-6-25），取下膨胀阀塑料防尘盖。

5）拆卸膨胀阀上盖板固定螺栓（图 6-6-26），取下膨胀阀上盖板与空调硬短管。

注意：此螺栓带两个垫圈，小心取放，不要遗落。

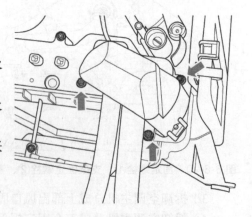

图 6-6-25　拆卸三个连接螺钉

6）拆卸膨胀阀固定螺栓（图 6-6-27），取出膨胀阀。

项目 6 空调系统

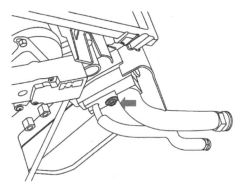

图 6-6-26 拆卸膨胀阀上盖板固定螺栓　　　图 6-6-27 拆卸膨胀阀固定螺栓

安装：膨胀阀的安装大致可按照与拆卸相反的步骤进行。

6.6.7 冷凝器拆装

冷凝器拆装步骤如下：

1）打开行李舱盖，操作空调制冷剂的回收程序，断开蓄电池负极电缆，拆卸前保险杠。

2）拆卸冷却风扇总成。

3）拆卸冷凝器固定螺栓（图 6-6-28），取下冷凝器总成。

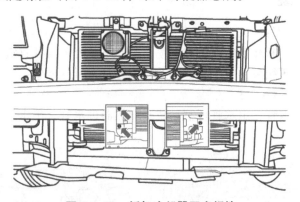

图 6-6-28 拆卸冷凝器固定螺栓

安装：冷凝器的安装可按照与拆卸相反的步骤进行。

6.7 暖风系统部件维修 ★★

6.7.1 暖风电子阀拆装

暖风电子阀（三通电磁阀）拆装步骤如下：

1）打开前机舱盖，断开蓄电池负极电缆，断开车载充电机处直流母线。

2）拆卸三通电磁阀连接水管固定卡箍①（图 6-7-1）。

注意:水管脱开前,应在车辆底部放置容器,接住防冻液,以免污染地面。

3)拆卸三通电磁阀连接插头②(图6-7-1)。

4)拆卸三通电磁阀上的固定螺栓(图6-7-2),取下三通电磁阀。

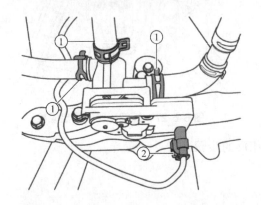
图6-7-1 拆卸固定卡箍①、连接插头②

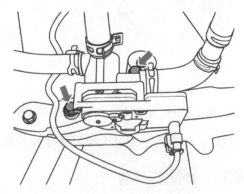
图6-7-2 拆卸三通电磁阀上的固定螺栓

安装:三通电磁阀的安装可按照与拆卸相反的步骤进行。

6.7.2 加热器拆装

加热器拆装步骤如下:

1)打开前机舱盖。断开蓄电池负极电缆。断开车载充电器处直流母线。

2)断开加热器低压线束插接器①、加热器高压线束插接器②、加热器搭铁线束固定螺母③,脱开搭铁线束(图6-7-3)。

3)拆卸加热器进水管、出水管环箍,脱开加热器进水管、出水管(图6-7-4)。

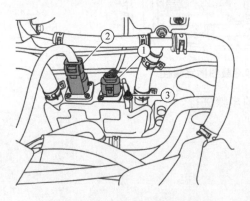
图6-7-3 加热器低压线束插接器①、高压线束插接器②、固定螺母③

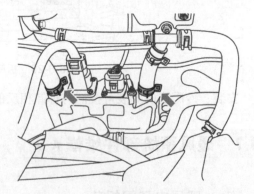
图6-7-4 加热器进水管、出水管环箍

注意:水管脱开前,应在车辆底部放置容器,接住防冻液,以免污染地面。

4)拆卸加热器支架左、右各两个固定螺母(图6-7-5),取下加热器。

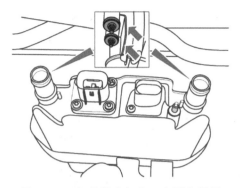

图 6-7-5　加热器支架左、右固定螺母

安装：加热器的安装可按照与拆卸相反的步骤进行。

6.8　通风系统部件维修★★

6.8.1　风向电动机拆装

（1）风向调节电动机更换

1）拆卸空调主机总成。

2）分解空调主机总成。

3）拆卸风向调节电动机三个固定螺钉①、风向调节电动机线束插接器②（图 6-8-1），取下风向调节电动机。

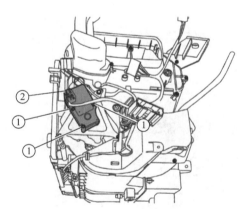

图 6-8-1　拆卸风向调节电动机固定螺钉①、线束插接器②

安装：安装可按照与拆卸相反的步骤进行。

（2）内外循环调节电动机更换

1）断开蓄电池负极电缆，拆卸仪表板杂物箱。

2）拆卸副仪表板，拆卸仪表板右侧下护板。

3）拆卸热管理器。

4）拆卸内外循环调节电动机三个固定螺钉①（图 6-8-2）。

5)断开内外循环调节电动机线束插接器②,取下内外循环调节电动机。

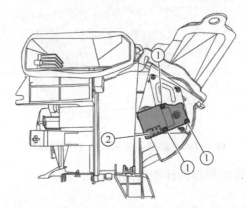

图 6-8-2 内外循环调节电动机固定螺钉①、线束插接器②

安装:安装可按照与拆卸相反的步骤进行。

(3)冷暖风调节电动机更换

1)拆卸空调主机总成。

2)分解空调主机总成。

3)拆卸冷暖风调节电动机。

4)拆卸冷暖风调节电动机三个固定螺栓①(图 6-8-3)。

5)断开冷暖风调节电动机线束插接器②,取下冷暖风调节电动机带支架总成。

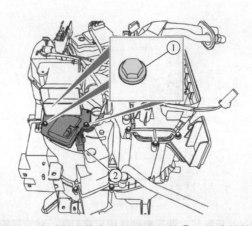

图 6-8-3 冷暖风调节电动机固定螺栓①、线束插接器②

安装:安装可按照与拆卸相反的步骤进行。

6.8.2 风向电路检测

(1)出风模式调节电路检测

吉利帝豪 EV450 出风模式调节电路图如图 6-8-4 所示。

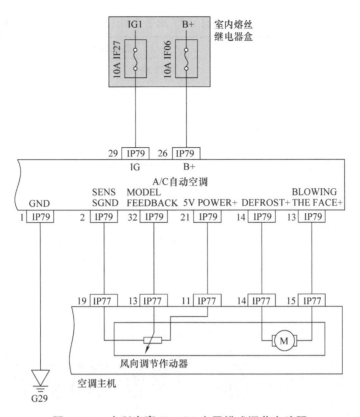

图 6-8-4　吉利帝豪 EV450 出风模式调节电路图

检查风向调节作动器与 A/C 空调控制器之间的线束。操作起动开关，使电源模式至 OFF 状态。断开蓄电池负极电缆，并等待至少 90s。断开 A/C 空调控制器线束插接器 IP79（图 6-8-5），断开空调主机线束插接器 IP77（图 6-8-6）。测量线束插接器 IP79 与 IP77 端子之间（出风模式相关）的电阻值，具体见表 6-8-1，电阻应小于 1Ω。

图 6-8-5　IP79　A/C 空调控制器线束插接器

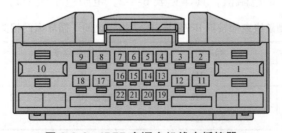

图 6-8-6　IP77 空调主机线束插接器

表 6-8-1 测量线束插接器 IP79 与 IP77 端子之间（出风模式相关）的电阻值

测量端子	标准值	测量端子	标准值
IP79 端子 21—IP77 端子 11	小于 1Ω	IP79 端子 13—IP77 端子 15	小于 1Ω
IP79 端子 2—IP77 端子 19	小于 1Ω	IP79 端子 14—IP77 端子 14	小于 1Ω
IP79 端子 32—IP77 端子 13	小于 1Ω		

（2）循环风门电动机工作电路检测

吉利帝豪 EV450 循环风门电动机工作电路图如图 6-8-7 所示。

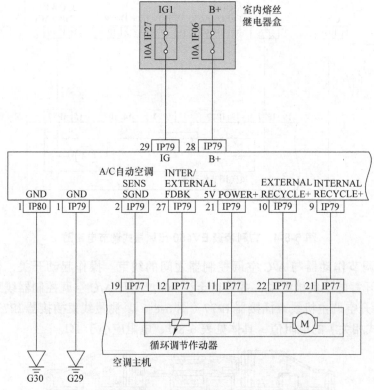

图 6-8-7 吉利帝豪 EV450 循环风门电动机工作电路图

检查循环调节作动器与 A/C 空调控制器之间的线束。操作起动开关，使电源模式至 OFF 状态。断开蓄电池负极电缆，并等待至少 90s。断开 A/C 空调控制器线束插接器 IP79（图 6-8-5），断开空调主机线束插接器 IP77（图 6-8-6）。测量线束插接器 IP79 与 IP77 端子之间（循环风门相关）的电阻值，具体见表 6-8-2，电阻应小于 1Ω。

表 6-8-2 测量线束插接器 IP79 与 IP77 端子之间（循环风门相关）的电阻值

测量端子	标准值	测量端子	标准值
IP79 端子 2—IP77 端子 1	小于 1Ω	IP79 端子 9—IP77 端子 21	小于 1Ω
IP79 端子 21—IP77 端子 11	小于 1Ω	IP79 端子 10—IP77 端子 22	小于 1Ω
IP79 端子 27—IP77 端子 12	小于 1Ω		

6.8.3 鼓风机及模块电阻拆装

（1）鼓风机的拆装

打开前机舱舱盖，断开蓄电池负极电缆。断开鼓风电动机线束插接器①、鼓风电动机三个固定螺栓②（图6-8-8），取下鼓风电动机。

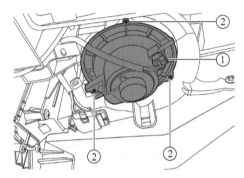

图6-8-8　断开鼓风电动机线束插接器①、固定螺栓②

安装：安装过程可按与拆卸相反的步骤进行。

（2）鼓风机调速模块拆装

打开前机舱盖。断开蓄电池负极电缆。断开鼓风机调速模块线束插接器①、鼓风机调速模块两个固定螺栓②（图6-8-9），取下鼓风机调速模块。

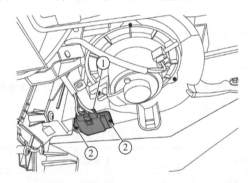

图6-8-9　断开鼓风机调速模块线束插接器①、固定螺栓②

安装：安装过程可按与拆卸相反的步骤进行。

6.8.4 通风管道拆装

通风管道拆装步骤如下：

① 打开前机舱盖，断开蓄电池负极电缆。
② 拆卸驾驶人侧气囊，拆卸转向盘，拆卸螺旋电缆。
③ 拆卸前立柱上装饰板。
④ 拆卸仪表板杂物箱。
⑤ 拆卸组合仪表总成。
⑥ 拆卸灯光组合开关。

⑦ 拆卸刮水器及洗涤器开关。
⑧ 拆卸 GPS 主机 / 智能车载主机。
⑨ 拆卸空调控制面板。
⑩ 拆卸仪表板左侧下护板。
⑪ 拆卸仪表板右侧下护板。
⑫ 拆卸副仪表板总成。
⑬ 拆卸仪表板总成。
⑭ 拆卸通风管固定螺钉（图 6-8-10），取下空调通风管。

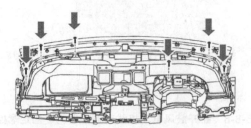

图 6-8-10　拆卸通风管固定螺钉

6.9　空调控制电路检测★★

6.9.1　温度传感器检测

（1）室内温度传感器检测

以比亚迪 e5 为例进行温度传感器检测。断开室内温度传感器插接器 G05，取下室内温度传感器。按照表 6-9-1 测量电阻值，检查电阻值是否正常。

表 6-9-1　室内温度传感器检测

端子	条件	下限值 /kΩ	上限值 /kΩ
1-2	−25℃	126.4	134.7
	−10℃	54.6	57.65
	0℃	32.25	33.69
	10℃	19.68	20.35
	20℃	12.37	12.67
	30℃	7.95	8.14
	50℃	3.51	3.66

（2）室外温度传感器检测

断开室外温度传感器插接器 B12，取下室外温度传感器，按照表 6-9-2 测量电阻值，检查电阻值是否正常。

表 6-9-2 室外温度传感器检测

端子	条件	下限值 /kΩ	上限值 /kΩ
1-2	−25℃	126.4	134.7
	−10℃	54.6	57.65
	0℃	32.25	33.69
	10℃	19.68	20.35
	20℃	12.37	12.67
	30℃	7.95	8.14
	50℃	3.51	3.66

（3）蒸发器温度传感器检测

断开蒸发器温度传感器插接器 HG06，取下蒸发器温度传感器，按照表 6-9-3 测量电阻值，检查电阻值是否正常。

表 6-9-3 蒸发器温度传感器检测

端子	条件	下限值 /kΩ	上限值 /kΩ
1-2	−20℃	14.82	16.38
	0℃	5.081	5.559
	10℃	3.101	3.359
	15℃	2.466	2.644
	20℃	1.946	2.106
	30℃	1.276	1.354
	40℃	0.845	0.897

6.9.2 阳光强度传感器线路检测

比亚迪 e5 阳光强度传感器工作电路如图 6-9-1 所示。断开阳光强度传感器插接器 Ga02，断开空调控制器接插件 G21（A）、G21（B）、G21（C），根据表 6-9-4 测量线束端电阻值，检查电阻值是否正常。

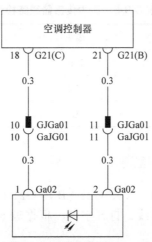

图 6-9-1 阳光强度传感器工作电路

表 6-9-4 阳光强度传感器线路检测

端子	线色	正常情况
G21（C）-18—Ga02-1	B	小于1Ω
G21（B）-21—Ga02-2	O	小于1Ω

6.9.3 压力传感器线路检测

比亚迪 e5 压力传感器工作电路如图 6-9-2 所示。断开空调压力传感器插接器 B13，断开空调控制器接插件 G21（A），G21（B），G21（C），测量线束端电阻值，具体见表 6-9-5。

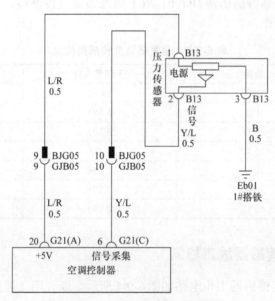

图 6-9-2 压力传感器工作电路

表 6-9-5 压力传感器线路检测

端子	线色	正常情况
G21（A）-20—B13-1	L/R	小于1Ω
G21（C）-6—B13-3	Y/L	小于1Ω
G16-2—车身搭铁	B	小于1Ω

6.9.4 自动空调控制模块检测

比亚迪 e5 空调控制模块 G21（A）、G21（B）、G21（C）插接器如图 6-9-3 所示。

从空调控制器插接器后端引线，打开空调，根据表 6-9-6 检查端子输出值是否在正常范围内。

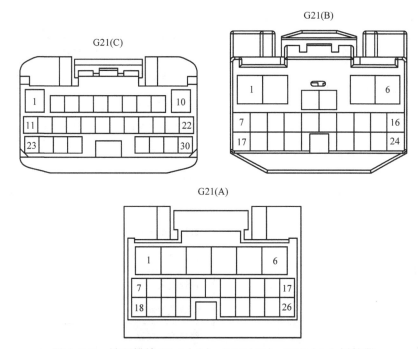

图 6-9-3 控制模块 G21（A）、G21（B）、G21（C）插接器

表 6-9-6 自动空调控制模块检测

端子	条件（调节温度）	正常情况
G21（A）-23—车身搭铁	开空调	约 5V
G21（C）-25—车身搭铁	32℃	约 0.9V
	25℃	约 1.9V
	18℃	约 4.1V
G21（B）-1—G21（B）-8	调节温度	11~14V

6.10 空调系统故障诊断★★★

比亚迪 e5 空调系统故障症状及可疑部位见表 6-10-1。

表 6-10-1 比亚迪 e5 空调系统故障症状及可疑部位

故障症状	可疑部位
空调系统所有功能失效	空调控制器
	面板电源电路
	线束或插接器
仅制冷系统失效（鼓风机工作正常）	压力传感器
	压力温度传感器
	空调熔丝（四合一内部）
	电动压缩机

（续）

故障症状	可疑部位
仅制冷系统失效（鼓风机工作正常）	线束或插接器
	管路制冷剂（冷媒）量
制冷系统工作不正常（实际温度与设定温度有偏差）	各传感器（室内、室外温度传感器）
	空调控制器
	线束和插接器
鼓风机不工作	鼓风机熔丝
	鼓风机继电器
	鼓风机
	调速模块
	空调控制器
	线束或插接器
鼓风机风速不可调（鼓风机工作正常）	鼓风机调速模块
	空调控制器
	线束或插接器
	空调面板
出风模式调节不正常	出风模式控制电动机
	空调控制器
	线束和插接器
温度调节不正常	冷暖混合控制电动机
	空调控制器
	线束和插接器
内外循环调节失效	循环控制电动机
	空调控制器
	线束和插接器
后除霜失效	后除霜电加热丝熔丝
	后除霜电加热继电器
	后除霜电加热丝
	继电器控制模块
	线束或插接器

项目 6 空调系统

（续）

故障症状	可疑部位
冷凝、散热风扇故障	熔丝
	继电器
	风扇
	线束
	主控 ECU

6.10.1 空调制冷功能不正常故障诊断与分析

比亚迪 e5 空调制冷系统电路图如图 6-10-1 所示。

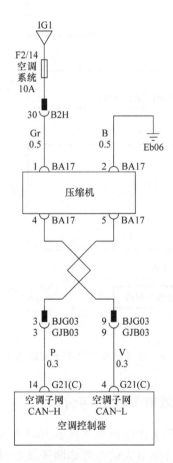

图 6-10-1　比亚迪 e5 空调制冷系统电路图

空调制冷功能不正常故障诊断步骤如图 6-10-2 所示。

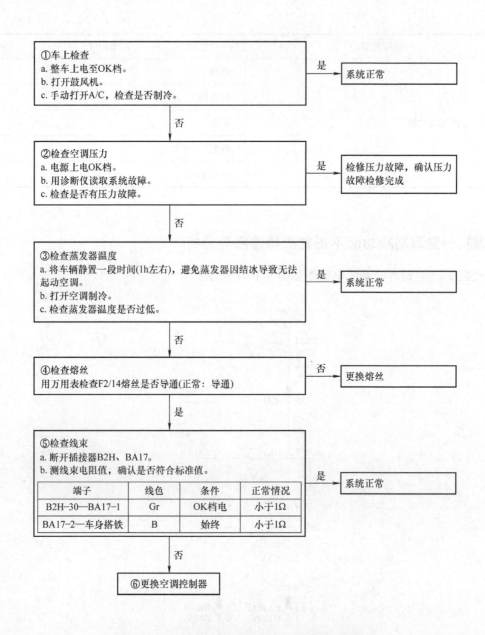

图 6-10-2 空调制冷功能不正常故障诊断步骤

6.10.2 内外循环调节失效故障诊断与分析

比亚迪 e5 空调系统内外循环工作电路图如图 6-10-3 所示。
比亚迪 e5 空调系统内外循环调节失效故障诊断步骤如图 6-10-4 所示。

项目 6 空调系统

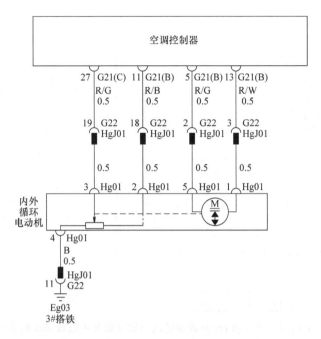

图 6-10-3 比亚迪 e5 空调系统内外循环工作电路图

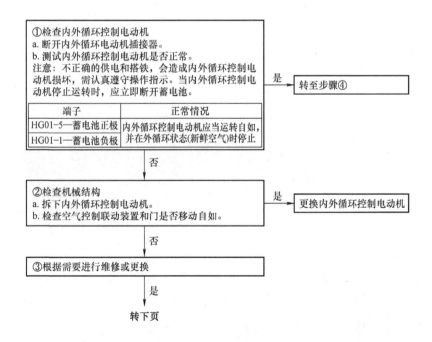

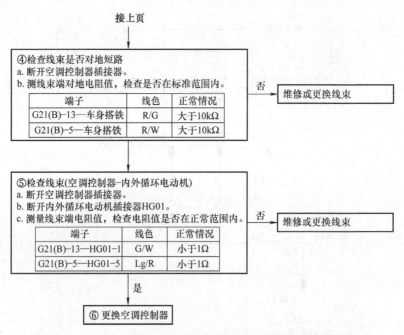

图 6-10-4　比亚迪 e5 空调系统内外循环调节失效故障诊断步骤

项目 7

电动车窗、天窗

【知识目标】

（1）能够理解电动车窗系统的作用、组成及工作原理。
（2）能够理解电动车窗电动机、升降调节器、控制开关功能及原理。
（3）能够理解电动天窗系统的作用、组成及工作原理。
（4）能够理解天窗电动机、控制开关、限位开关、车身控制模块功能及原理。

【技能目标】

（1）能够正确进行车窗升降清洁、润滑。
（2）能够正确进行电动车窗/天窗功能的检查。
（3）能够正确进行天窗排水孔的清洁、天窗铰链（轨道）清洁、润滑、紧固操作。
（4）能够正确进行车窗升降电动机、车窗开关拆装操作。
（5）能够正确进行电动门窗玻璃系统供电检测。
（6）能够正确进行天窗玻璃、天窗电动机、天窗开关总成的拆装操作。
（7）能够正确进行电动天窗控制模块工作电路检测。
（8）能够正确查询电动车窗工作电路图、电动天窗系统工作电路图。
（9）能够对电动车窗不工作故障进行故障诊断与分析。
（10）能够对电动天窗不工作故障进行故障诊断与分析。
（11）作业结束后，能够正确收集、清洁和整理工具，对工位进行7S操作。

【素养目标】

（1）遵守工作场所的法律法规和政策，拥有高的安全意识。
（2）在需要的时候，协助他人并提供帮助。

(3)能够合理地分析和解决完成分配的任务时出现的问题。
(4)理解工作文件,报告书写清晰简洁。

7.1 电动车窗、天窗概述

7.1.1 电动车窗系统

电动车窗可使驾驶人和乘客坐在座位上,利用开关使车窗玻璃自动升降,操作简单便利。电动车窗主要由电动机、升降调节器和控制开关等部件组成,如图 7-1-1 所示。

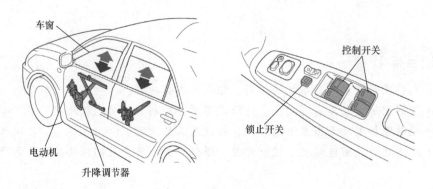

图 7-1-1 电动车窗系统

(1)电动机

电动车窗一般使用双向永磁式电动机,每个车窗一般装一个。按下或抬起电动车窗开关,电动机正向或反向转动通过传动机构将动力传给升降调节器,使车窗玻璃升高或降低。

(2)升降调节器

升降调节器的常见类型有绳索式、交叉臂式,如图 7-1-2 所示。

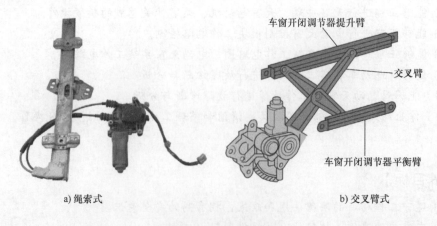

a) 绳索式　　　　　　　　　　　b) 交叉臂式

图 7-1-2 升降调节器

（3）控制开关

控制开关分为主控开关（驾驶人侧）和分控开关（乘客侧）。主控开关上的各车窗控制开关可控制相应车窗的升降，具有"Auto"功能的驾驶人侧车窗开关还可实现该侧车窗的自动升降功能。锁止开关可切断各分控开关的控制功能。分控开关只能控制相应车窗的升降。

7.1.2 电动天窗系统

电动天窗是依靠汽车在行驶过程中气流在汽车顶部的快速流动，有效地使车内空气流通，增加新鲜空气进入。电动天窗主要由导轨、滑动机构、天窗电动机、车身控制模块（BCM）等组成，如图 7-1-3 所示。

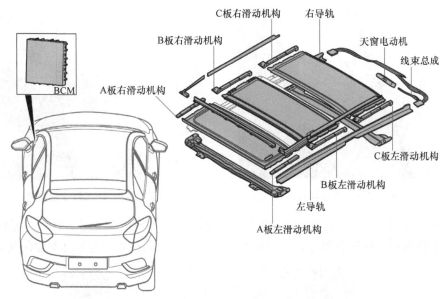

图 7-1-3　电动天窗

（1）天窗电动机

天窗电动机通过传动装置向天窗的开闭提供动力，能双向转动，即通过改变电流的方向以改变电动机的旋转方向，实现天窗的开闭。

（2）控制开关

控制开关主要包括滑动开关和斜升开关。滑动开关有滑动打开、滑动关闭和断开（中间位置）三个档位。斜升开关也是有斜升、斜降和断开（中间位置）三个档位。通过操作这些开关，令天窗电动机实现正反转，在不同状态下正常工作。

（3）限位开关

限位开关主要是用来检测天窗所处的位置。限位开关靠凸轮转动来实现断开和闭合。凸轮安装在驱动机构的动力输出端。当电动机将动力输出时，通过驱动齿轮和滑动螺杆减速以后带动凸轮转动，于是凸轮周边的凸起部位触动开关使其开闭，以实现对天窗的自动控制。

（4）车身控制模块

车身控制模块是一个数字控制电路，并设有定时器、蜂鸣器和继电器等，其作用是接受开关输入的信息,通过数字电路进行逻辑运算,确定继电器的动作,控制天窗开闭。

7.2 电动车窗、天窗检查保养★

7.2.1 车窗升降清洁、润滑

(1) 车窗升降清洁

若车窗缝隙充满灰尘,升降玻璃时灰尘就会粘到车窗上,留下痕迹。清理车窗缝隙中的灰尘步骤如下:

① 使用一个大小适合的薄金属片,用干抹布将其包裹(图7-2-1和图7-2-2)。

图7-2-1 薄金属片

图7-2-2 抹布裹住金属片

② 用抹布包裹的金属片伸到车窗缝隙中,从前往后轻轻地推(图7-2-3),等到抹布脏污后,换干净的一面包裹金属片,继续重复上述过程,直到抹布上看不见明显的灰尘为止。

图7-2-3 推动金属片和抹布

(2) 车窗升降润滑

汽车使用时间长了,车窗橡胶难免会发生老化、龟裂、粘连等现象,更会有灰尘堆积在车窗缝隙中，导致车窗玻璃升降不畅。车窗升降缓慢的润滑步骤如下：
① 清洁干净车窗胶条。
② 将车窗玻璃降到最低，把车窗润滑剂喷入玻璃两侧胶条内（图7-2-4）。

图 7-2-4　车窗升降润滑

③ 升降玻璃数次，若发现仍然卡顿、不畅现象（如果有噪声，噪声也会减弱）。
④ 再次将玻璃降到最低，将车窗润滑剂喷入玻璃两侧胶条内。
⑤ 反复步骤④，直到汽车升降玻璃不再卡顿、不畅、发出噪声。
⑥ 用毛巾（超细纤维擦车巾）将玻璃胶条边框多余的车窗润滑剂擦去。

此方法也可以预防汽车胶条老化，预防由于橡胶老化引起的升降玻璃问题。卡顿、不畅、有噪声一般是玻璃轨道内的胶条硬化或有脏污造成的。

7.2.2　电动车窗功能检查

（1）电动车窗的基本检查
① 手动开关的功能：当电动车窗开关被推到一半时，窗户应打开或关闭直至开关被松开。
② 单触式自动开关的功能：车窗开关被推或拉到底时，窗户应全开或全关。
（2）检查车窗锁止功能
当车窗锁止开关打开时，除驾驶人车窗，所有车窗打开或关闭功能应失效。
（3）防夹板保护功能
在电动车窗正常上升过程中，当在任意位置有物体被夹住时，控制器会立即停止上升动作，并自动返回到下止点，然后立即断电停机。

7.2.3　天窗铰链（滑道）清洁、润滑、紧固

汽车天窗使用时间久了，天窗的滑道容易出现不顺畅或者密封胶条老化，从而导致天窗漏水等现象，因此需要进行清洁和润滑。天窗滑道清洁、润滑步骤如下：
① 将天窗完全打开，露出天窗滑道（图7-2-5）。
② 清除滑道里的脏物，用抹布仔细清洁天窗滑道和传动机构（图7-2-6），旧有的残余润滑脂必须擦除，全部清洁完成后，使用毛巾把天窗的水分擦拭干净。

图 7-2-5 天窗滑道

图 7-2-6 清洁天窗滑道和传动机构

③ 涂润滑脂于天窗滑道和传动机构（图 7-2-7），并用毛刷将润滑脂抹薄且均匀涂抹（图 7-2-8）。

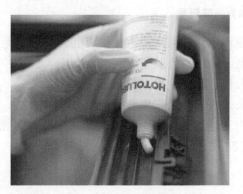

图 7-2-7 涂上润滑脂

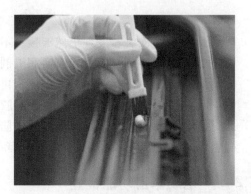

图 7-2-8 用毛刷将润滑脂抹薄且均匀涂抹

④ 将天窗完全开闭数次，用抹布擦掉多余的润滑脂。

⑤ 再使用密封胶条润滑剂或者密封胶条修复蜡，进行保养密封胶条，防止老化、硬化造成漏水等现象。

7.2.4 排水管的清洁

天窗漏下的雨水会沿 A 柱或 C 柱流到车内地毯上，导致内饰发霉甚至车身金属锈蚀。造成天窗漏水的主要原因是汽车天窗排水管被树叶、污物等堵塞。清洁排水管的步骤如下：

① 首先要找到车上所有排水管的位置，可以通过观察或者查看汽车排水管的示意图（图 7-2-9）对应找到所在位置，也可以根据积水的位置来判断是哪个部分的排水管出现问题，这样可以减少检查和清理排水管的时间。

② 若堵塞在排水管出入口处，排水管处发现的较大的杂物可以直接用镊子或者其他工具将其清理出去。

③ 对于排水管内的清理，可以使用高压水枪对准入口处进行喷射，以清理管内的堵塞杂物。切记水压不能太强，否则会造成橡胶接头和排水管脱落，造成继续漏水的故障。然后，将水倒在天窗上，检查车下两前轮的天窗排水口，是否有水流出。如果有，说明

排水管已疏通。

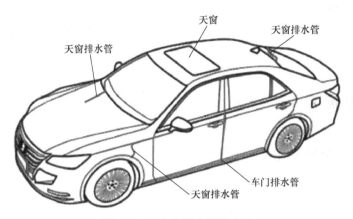

图 7-2-9　车上排水管的分布

④ 如果没有配备高压水枪，可以使用汽车排水管疏通器进行疏通。汽车排水管疏通器的使用步骤如图 7-2-10 所示。

a) 取出排水管疏通器　　　　　　　　b) 将毛刷伸入排水管内

c) 来回上下疏通排水管　　　　　　　d) 疏通完毕后正常排水

图 7-2-10　汽车排水管疏通器的使用步骤

7.2.5 电动天窗功能检查

使用天窗开关,检查玻璃的起翘、完全开启和关闭是否正常,检查遮阳帘的开启、关闭是否正常。

7.3 电动车窗检测维修★★

7.3.1 电动车窗升降电动机拆装

电动车窗升降电动机的拆装步骤如下:
① 断开蓄电池负极电缆。
② 拆卸前车门内饰板。
③ 拆卸前车窗玻璃内密封条(图7-3-1)。
④ 拆卸前车门防水膜。
⑤ 用细铁棒顶住升降器滑块以松开玻璃(图7-3-2)。

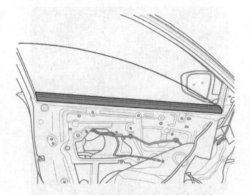

图7-3-1 拆卸前车窗玻璃内密封条

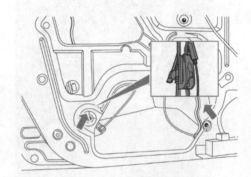

图7-3-2 升降器滑块

⑥ 从孔中顶开两个玻璃固定销,倾斜一定角度后从前门上方取出前车窗玻璃(图7-3-3)。
⑦ 断开玻璃升降器线束插接器(图7-3-4)。

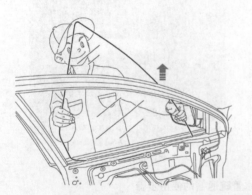

图7-3-3 顶开两个玻璃固定销并取出前车窗玻璃

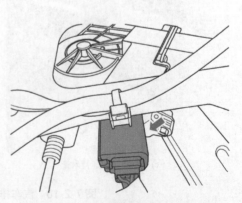

图7-3-4 断开玻璃升降器线束插接器

⑧ 拆卸玻璃升降器四个固定螺母及一个固定螺栓（7-3-5）。
⑨ 从车门下方的孔中取出玻璃升降器总成。

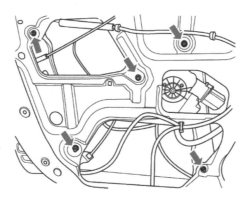

图 7-3-5　拆卸玻璃升降器固定螺母、固定螺栓

⑩ 拆卸前车窗玻璃升降器电动机三个固定螺钉（图 7-3-6）。
⑪ 将玻璃升降器电动机从玻璃升降器上取下（图 7-3-7）。取下玻璃升降器电动机时，提防钢丝绳弹出。

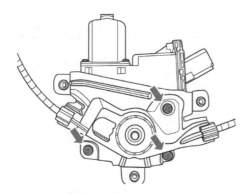 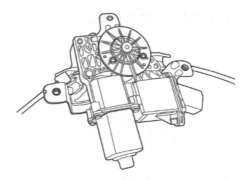

图 7-3-6　拆卸玻璃升降器电动机固定螺钉　　图 7-3-7　玻璃升降器电动机

安装：电动车窗升降电动机可按照与拆卸相反的顺序进行。

7.3.2　电动车窗玻璃升降电动机线束供电检测

点火开关关闭，断开电动车窗玻璃升降电动机线束插接器。试灯夹子搭铁，打开点火开关，操纵玻璃升降器开关总成，试灯探头分别检查线束插接器供电，如图 7-3-8 所示。试灯点亮，说明供电正常；试灯不亮，应检查熔丝和玻璃升降器开关总成。

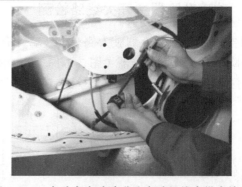

图 7-3-8　电动车窗玻璃升降电动机线束供电检测

7.3.3 电动车窗开关拆装

下面以前门玻璃升降开关为例介绍电动车窗开关的更换，更换步骤如下：
① 断开蓄电池负极电缆。
② 取下前门把手盒橡胶垫（图 7-3-9）。
③ 拆卸前门把手盒处前门饰板的一个固定螺钉（图 7-3-10）。

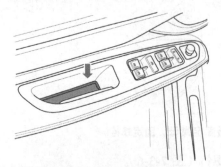

图 7-3-9　前门把手盒橡胶垫

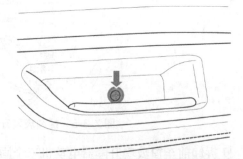

图 7-3-10　前门把手盒处的前门饰板固定螺钉

④ 使用一字螺丝刀轻轻撬起前车窗玻璃升降开关（图 7-3-11）。拆卸时，不要损坏内饰件。
⑤ 断开前车窗玻璃升降开关线束插接器（图 7-3-12），取下前车窗玻璃升降开关总成。

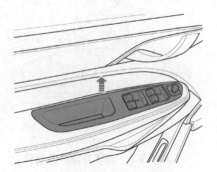

图 7-3-11　前车窗玻璃升降开关

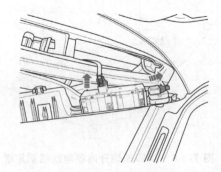

图 7-3-12　前车窗玻璃升降开关线束插接器

安装：电动车窗开关可按照与拆卸相反的顺序进行。

7.3.4 玻璃升降器主开关线路检测

检测吉利帝豪 EV450 驾驶人侧车窗玻璃升降器主开关线路前，断开 DR04 驾驶人侧车窗玻璃升降器开关线束插接器（图 7-3-13）和 DR05a 驾驶人侧车窗玻璃升降器电动机线束插接器（图 7-3-14）。

端子号	端子定义
4	驾驶人侧车窗玻璃升降器开关搭铁
5	驾驶人侧车窗玻璃升降器开关信号
10	搭铁

图 7-3-13　DR04 驾驶人侧车窗玻璃升降器开关线束插接器

项目 7　电动车窗、天窗

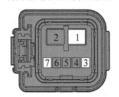

端子号	端子定义
1	搭铁
3	驾驶人侧车窗玻璃升降器开关信号
7	驾驶人侧车窗玻璃升降器开关信号搭铁

图 7-3-14　DR05a 驾驶人侧车窗玻璃升降器电动机线束插接器

驾驶人侧车窗玻璃升降器主开关线路检测见表 7-3-1，检查电阻是否符合标准值，在标准值范围内为正常。

表 7-3-1　驾驶人侧车窗玻璃升降器主开关线路检测

测量位置 A	测量位置 B	测量标准值
驾驶人侧车窗玻璃升降器开关 DR04 端子 10	车身搭铁	小于 1Ω
驾驶人侧车窗玻璃升降器开关 DR04 端子 4	驾驶人侧车窗玻璃升降器电动机 DR05a 端子 7	小于 1Ω
驾驶人侧车窗玻璃升降器开关 DR04 端子 5	驾驶人侧车窗玻璃升降器电动机 DR05a 端子 3	小于 1Ω

7.4　电动天窗检测维修★★

7.4.1　天窗玻璃的更换

天窗玻璃的更换步骤如下：
① 操作起动开关使电源模式至 ON 状态，将天窗略翻转一些。
② 拆卸左/右侧天窗玻璃的固定螺栓（图 7-4-1）。
③ 向上移出天窗玻璃（图 7-4-2）。

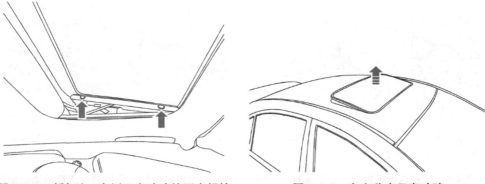

图 7-4-1　拆卸左/右侧天窗玻璃的固定螺栓　　图 7-4-2　向上移出天窗玻璃

安装：天窗玻璃的安装可按照与拆卸相反的步骤进行。

7.4.2　天窗电动机的更换

天窗电动机的更换步骤如下：

① 断开蓄电池负极电缆。
② 拆卸车门门槛内装饰板。
③ 拆卸前立柱上装饰板。
④ 拆卸中柱装饰板。
⑤ 拆卸后柱上装饰板。
⑥ 拆卸前排阅读灯。
⑦ 拆卸后排阅读灯。
⑧ 拆卸安全拉手。
⑨ 用小的螺丝刀将天窗遮阳板左右限位卡向上敲出（图7-4-3），抽出天窗遮阳板（图7-4-4）。

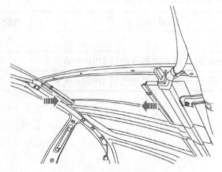 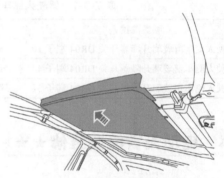

图7-4-3　向上敲出天窗遮阳板左右限位卡　　图7-4-4　抽出天窗遮阳板

⑩ 拆卸顶盖内饰板。
⑪ 拆卸顶盖内饰板前支架三个固定螺栓（图7-4-5），取下顶盖内饰板前支架。
⑫ 断开天窗电动机线束插接器，拆卸天窗电动机固定螺钉（图7-4-6），向外抽出天窗电动机。

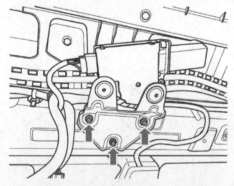 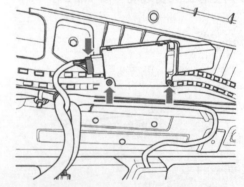

图7-4-5　顶盖内饰板前支架固定螺栓　　图7-4-6　天窗电动机线束插接器、天窗电动机固定螺钉

安装：天窗电动机的安装可按与拆卸相反的步骤进行。

7.4.3　天窗开关总成的更换

天窗开关总成的更换参见4.2.3小节室内灯的更换中的"前排阅读灯总成更换"。

7.4.4 电动天窗控制模块工作电路检测

检测吉利帝豪 EV450 天窗控制模块工作电路。操作起动开关使电源模式至 OFF 状态，断开天窗控制模块线束插接器 RF07a（图 7-4-7）。操作起动开关使电源模式至 ON 状态。用万用表测量天窗控制模块线束插接器 RF07a 端子 A 与端子 B 之间的电压，电压在 11~14V 范围内为正常。用万用表测量天窗控制模块线束插接器 RF07a 端子 C 与端子 B 之间的电压，电压在 11~14V 范围内为正常。

端子号	端子定义
A	KL30
B	搭铁
C	KL15
G	天窗开启信号
H	天窗关闭信号

图 7-4-7　RF07a 天窗控制模块线束插接器

7.5 电动车窗系统故障诊断分析★★★

7.5.1 电动车窗系统故障现象及可疑部位

电动车窗系统故障现象及可疑部位见表 7-5-1。

表 7-5-1　电动车窗系统故障现象及可疑部位

序号	故障描述	可疑部位
1	整个电动车窗系统不工作	左前玻璃升降器开关线路 玻璃升降器电动机电源电路
2	只有左前玻璃升降器可以动作，其他玻璃升降器均无法动作	左前玻璃升降器开关 线束
3	左前车窗开关无法控制左前车窗升降	熔丝 左前车窗电动机 左前车窗开关 线束
4	右前车窗开关无法控制右前车窗升降	熔丝 右前车窗电动机 右前车窗开关 线束
5	左后车窗开关无法控制左后车窗升降	熔丝 左后车窗电动机 左后车窗开关 线束
6	右后车窗开关无法控制右后车窗升降	熔丝 右后车窗电动机 右后车窗开关 线束
7	左前车窗开关无法控制右前车窗升降，但右前车窗开关可以控制右前车窗升降	左前车窗开关 线束

（续）

序号	故障描述	可疑部位
8	左前车窗开组无法控制左后车窗升降，但左后车窗开关可以控制左后车窗升降	左前车窗开关 线束
9	左前车窗开关无法控制右后车窗升降，但右后车窗开关可以控制右后车窗升降	左前车窗开关 线束
10	只有右前玻璃升降器可以动作，其他玻璃升降器均无法动作	右前玻璃升降器开关线路

7.5.2 左前玻璃升降器不工作故障诊断

下面以左前玻璃升降器为例说明，其他车窗玻璃升降器不工作的诊断程序类似。

吉利帝豪 EV450 电动车窗工作电路如图 7-5-1 所示。

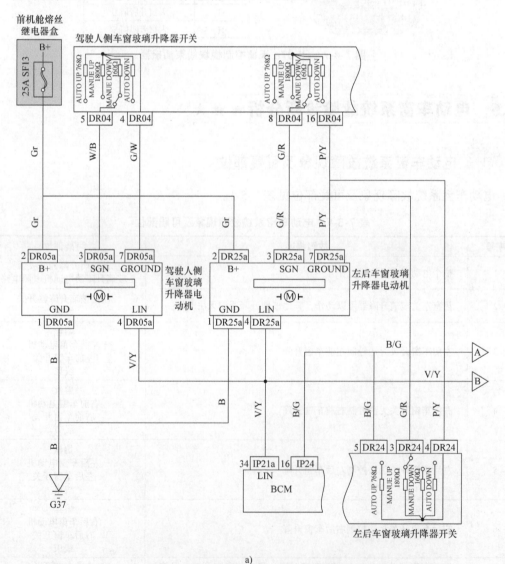

a)

图 7-5-1　吉利帝豪 EV450 电动车窗工作电路

项目 7 电动车窗、天窗

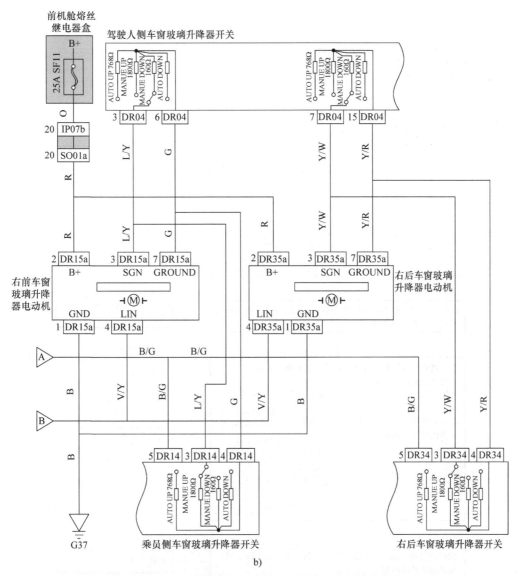

图 7-5-1 吉利帝豪 EV450 电动车窗工作电路（续）

左前玻璃升降器不工作故障诊断步骤如图 7-5-2 所示。

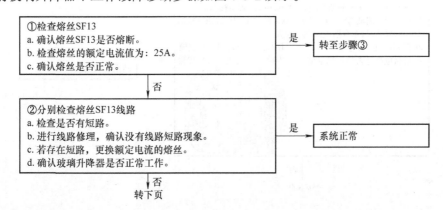

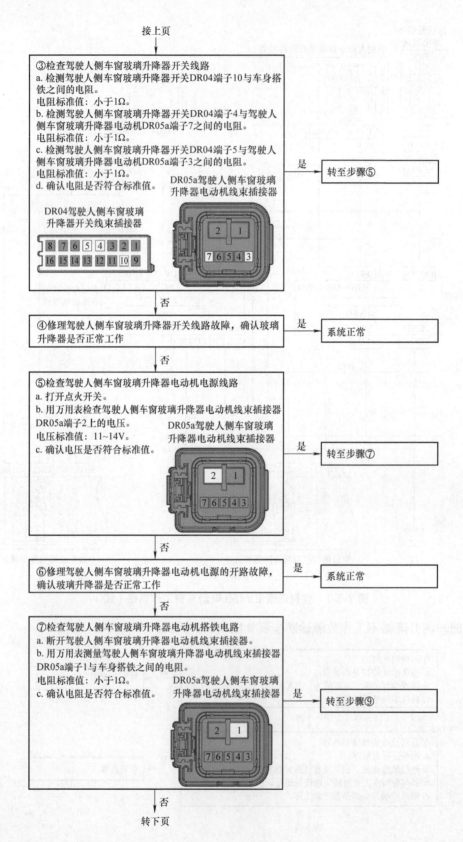

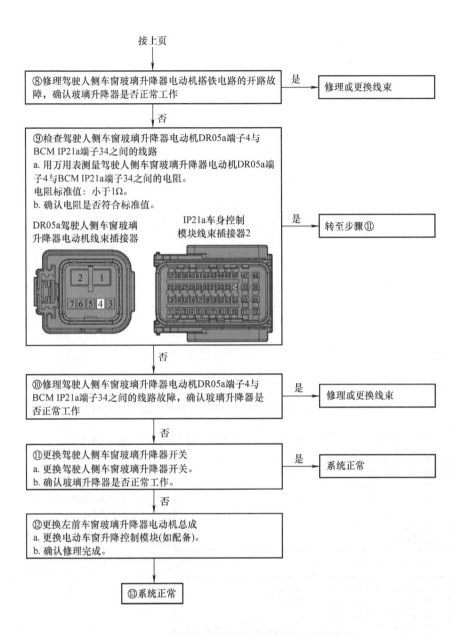

图 7-5-2 左前玻璃升降器不工作故障诊断步骤

注意：本章以驾驶人侧车窗不工作为例进行故障诊断，其他车窗诊断方法类似，可参见 7.5.2 左前玻璃升降器不工作。

7.6 电动天窗系统故障诊断分析★★★

吉利帝豪 EV450 电动天窗系统工作电路图如图 7-6-1 所示。

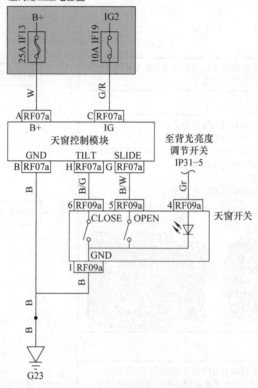

图 7-6-1 吉利帝豪 EV450 电动天窗系统工作电路图

吉利帝豪 EV450 电动天窗系统不工作故障诊断步骤如图 7-6-2 所示。

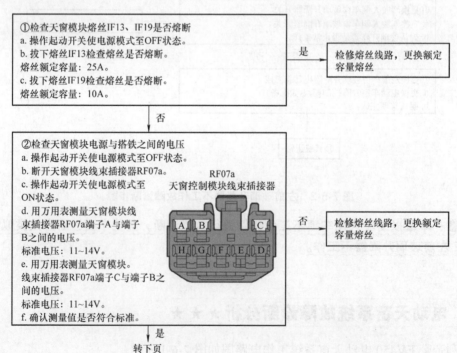

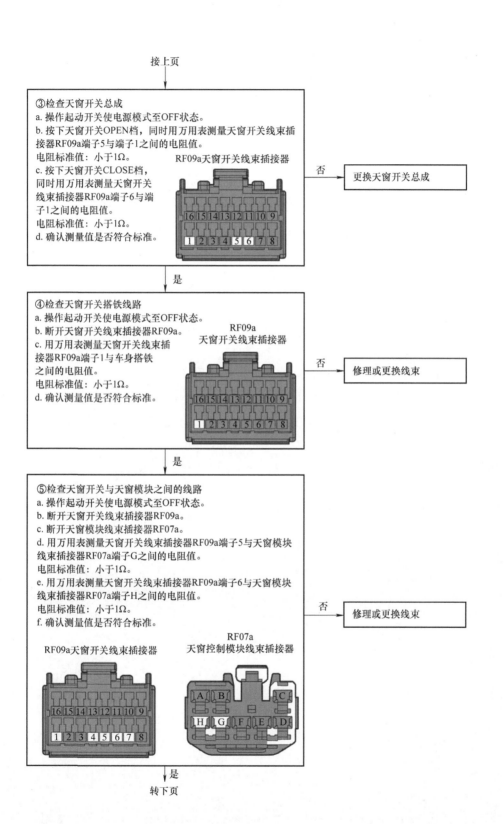

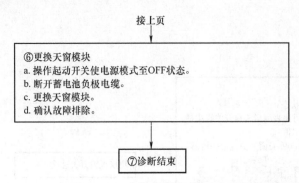

图 7-6-2 吉利帝豪 EV450 电动天窗系统不工作故障诊断步骤

项目 8
电动座椅

【知识目标】

（1）能够理解电动座椅的作用、组成部件。
（2）能够理解电动座椅升降、前后、倾角调整的原理。

【技能目标】

（1）能够正确进行车灯检查与操作。
（2）能够正确进行电动座椅固定螺栓、调节功能的检查。
（3）能够正确进行电动座椅的清洁。
（4）能够正确进行电动座椅电动机拆装操作。
（5）能够正确查询电动座椅工作电路图。
（6）能够正确进行电动座椅电动机工作电路、开关电路的检测。
（7）能够正确对电动座椅不能调节故障进行诊断与分析，对相关线束、插接器、端子等部件引发的故障进行检修。
（8）作业结束后，能够正确收集、清洁和整理工具，对工位进行7S操作。

【素养目标】

（1）遵守工作场所的法律法规和政策，拥有高的安全意识。
（2）在需要的时候，协助他人并提供帮助。
（3）能够合理地分析和解决完成分配的任务时出现的问题。
（4）理解工作文件，报告书写清晰简洁。

8.1　电动座椅概述

电动座椅的主要功能是为驾驶人提供便于操作、舒适而安全的驾驶位置，为乘客提供不易疲劳、舒适而又安全的乘坐位置。电动座椅一般由电动机（包含前后调节电动机、升降调节电动机、倾角调节电动机）、调节开关、传动机构等组成，如图 8-1-1 所示。部分车型电动座椅具有座椅加热及通风等功能。

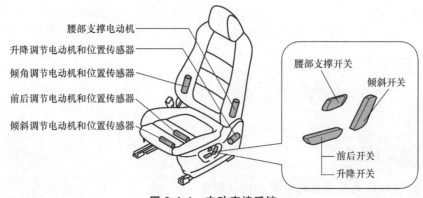

图 8-1-1　电动座椅系统

当按动某一按钮时，电流就由低压蓄电池出发，经过所操作的开关进入相应的电动机，最后到达搭铁点，电动机获得电流开始旋转，带动传动机构运动，进行调节；当驾驶人松开按钮后，调节动作终止。电动机的旋转运动通过传动机构改变座椅的空间位置。

（1）升降调整

升降调整机构由蜗杆、蜗轮、齿条、心轴等组成，调整时，蜗杆在电动机的驱动下带动蜗轮转动，从而保证心轴旋进或旋出，实现座椅的上升或下降。

（2）前后调整

纵向调整机构由蜗杆、蜗轮、齿条、导轨等组成，齿条装在导轨上。调整时，电动机转矩经蜗杆传至蜗轮，经导轨上的齿条，带动座椅向前或向后移动。

（3）倾角调节

靠背调整机构由两个调整齿轮与连杆组成。调整时，电动机带动两侧的调整齿轮转动，调整齿轮与连杆联动，通过连杆的动作可调整靠背倾角。

8.2　电动座椅检查保养★

8.2.1　检查座椅固定螺栓是否松动

用双手抱住座椅及座椅靠背，用力前后晃动，感觉座椅是否会移动。如果没有明显移动，说明固定良好；如果有移动，说明螺栓松动。

8.2.2　检查座椅的调节功能

操作座椅调节功能按钮（图 8-2-1），检查电动座椅的前后调节功能、升降调节功能、倾角调节功能是否正常。

图 8-2-1　吉利帝豪 EV450 电动座椅调节功能按钮

8.2.3　座椅清洁

（1）轻微脏污的处理方法

① 灰尘或者容易清洗的污物：建议用白色抹布蘸少量清水轻轻擦拭，然后自然干燥。

② 清水难以清洗的污物：建议使用洁净不褪色的清洁布蘸取少量中性洗涤液的稀释液，擦拭污染处；清洗过程中若发现清洁布已沾染脏污，应用清水清洗擦拭布，然后擦掉座椅表面的洗涤液污水；然后继续蘸中性洗涤液的稀释液重复上述操作，直至污染物彻底清除。

（2）严重脏污清理方法

① 吸尘：使用软毛刷，轻刷座椅表面，并使用吸尘器把脏污吸出。

② 静置：用干净不褪色的毛巾蘸取中性洗涤液的稀释液，均匀擦拭座椅表面，静置3min。

③ 擦拭：用清洁海绵擦拭座椅皮革并及时挤出海绵的脏水，反复擦拭 2~3 次，再用干净不褪色的毛巾擦拭干净。

④ 护理：以上步骤完成后，可使用皮革护理剂，不仅外观光亮，而且能延长座椅的使用寿命。

8.3　电动座椅检测维修★★

8.3.1　电动座椅电动机拆装

（1）前电动座椅前后调节电动机（滑槽调节电动机、滑动调节电动机）的更换

1）打开前机舱盖。

2）操作起动开关使电源模式置于 ON 状态，调节电动座椅开关使电动座椅向后滑到底。

3）拆卸电动座椅前部两个固定螺栓（图 8-3-1）。

4）操作电动座椅调节开关使电动座椅向前滑到底。

5）拆卸电动座椅后部两个固定螺栓（图 8-3-2）。

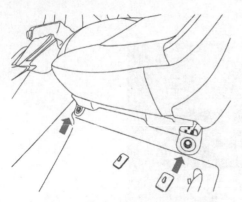 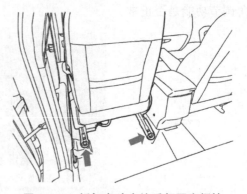

图 8-3-1　拆卸电动座椅前部固定螺栓　　图 8-3-2　拆卸电动座椅后部固定螺栓

6）操作起动开关至 OFF 状态，断开蓄电池负极电缆。

7）断开电动座椅底部三个线束插接器（图 8-3-3），取出前电动座椅总成。

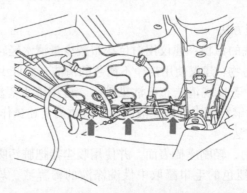

图 8-3-3　断开电动座椅底部线束插接器

注意：小心取放座椅，防止座椅磕碰车身造成面漆损伤。

8）断开前电动座椅前后调节电动机的线束插接器（图 8-3-4）。

9）拆卸前电动座椅支架左下侧底板的四个螺母和一个螺栓（图 8-3-5）。

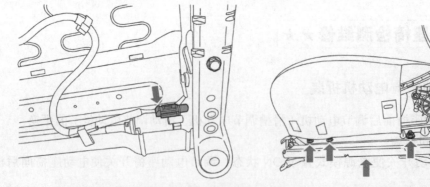

图 8-3-4　前电动座椅前后调节电动机的线束插接器　　图 8-3-5　前电动座椅支架螺母、螺栓

10）拆卸前电动座椅前后调节电动机的四个固定螺钉（图 8-3-6），取下前电动座椅前后调节电动机。

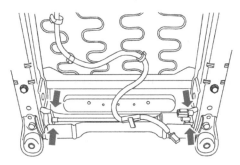

图 8-3-6　前后调节电动机固定螺钉

（2）前电动座椅升降调节电动机更换

1）拆卸前电动座椅总成。

2）拆卸前电动座椅坐垫。

① 拆卸前电动座椅坐垫和靠背垫之间的拉紧扣（图 8-3-7）。

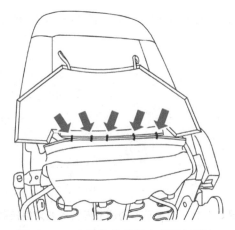

图 8-3-7　坐垫和靠背垫之间的拉紧扣

② 拆卸前电动座椅坐垫与支架之间的固定卡扣（图 8-3-8），取下前电动座椅坐垫。

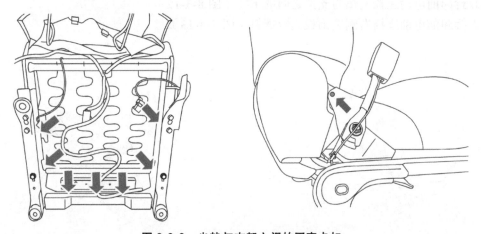

图 8-3-8　坐垫与支架之间的固定卡扣

3)拆卸前电动座椅左侧饰板。

①用手将前电动座椅左侧装饰板轻轻地向外拉(图8-3-9),使其卡扣脱离前电动座椅支架。

②拆卸前电动座椅左侧装饰板的卡扣(图8-3-10)。

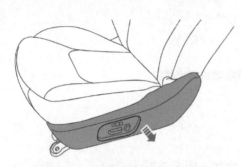

图8-3-9 前电动座椅左侧装饰板

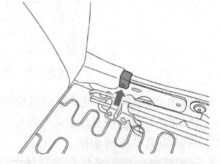

图8-3-10 前电动座椅左侧装饰板卡扣

③断开前电动座椅调节开关的线束插接器(图8-3-11),取下前电动座椅左侧装饰板。

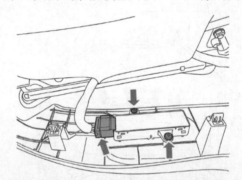

图8-3-11 前电动座椅调节开关的线束插接器

④拆卸电动座椅调节开关。

4)拆卸前电动座椅右侧饰板。

①拆卸前电动座椅坐垫与支架之间的卡扣(图8-3-12)。

②拆卸前电动座椅右侧装饰板固定螺钉(图8-3-13)。

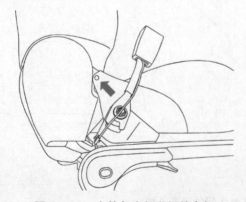

图8-3-12 坐垫与支架之间的卡扣

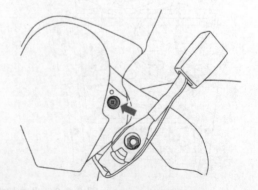

图8-3-13 右侧装饰板固定螺钉

③ 拆卸前电动座椅右侧装饰板与支架之间的固定卡扣（图8-3-14），取下前电动座椅右侧装饰板。

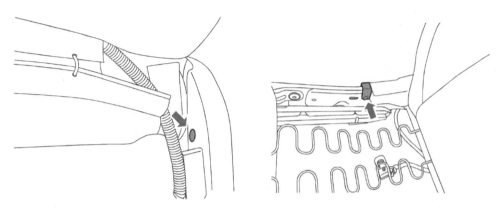

图 8-3-14　右侧装饰板与支架之间的固定卡扣

5）断开前电动座椅升降调节电动机的线束插接器（图8-3-15）。

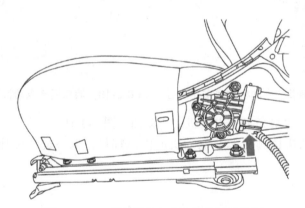

图 8-3-15　升降调节电动机的线束插接器

6）拆卸前电动座椅升降调节电动机的固定螺栓（图8-3-16），取下前电动座椅升降调节电动机。

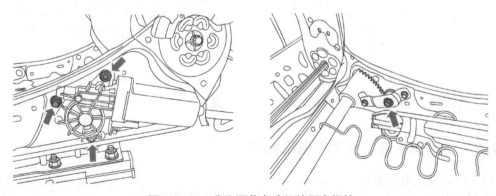

图 8-3-16　升降调节电动机的固定螺栓

（3）前电动座椅倾角调节电动机更换

1）打开前机舱盖，断开蓄电池负极电缆。

2）拆卸前电动座椅总成。

3）拆卸前电动座椅坐垫。

4）拆卸前电动座椅左侧装饰板。

5）拆卸前电动座椅右侧装饰板。

6）拆卸前电动座椅靠背垫。

7）断开前电动座椅倾角调节电动机的线束插接器（图8-3-17）。

8）拆卸前电动座椅倾角调节电动机的传动轴的固定卡簧（图8-3-18）。

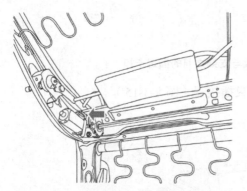 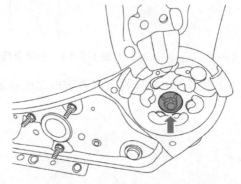

图8-3-17 倾角调节电动机的线束插接器　　图8-3-18 倾角调节电动机的传动轴的固定卡簧

9）取出前电动座椅倾角调节电动机的传动轴（图8-3-19）。

10）拆卸前电动座椅倾角调节电动机的固定螺母，取下前电动座椅倾角调节电动机（图8-3-20）。

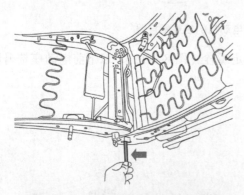 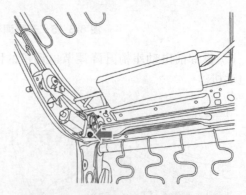

图8-3-19 倾角调节电动机的传动轴　　图8-3-20 倾角调节电动机的固定螺母

8.3.2 电动座椅电动机工作电路检测

（1）电动座椅电路查询

吉利帝豪EV450电动座椅工作电路图如图8-3-21所示。

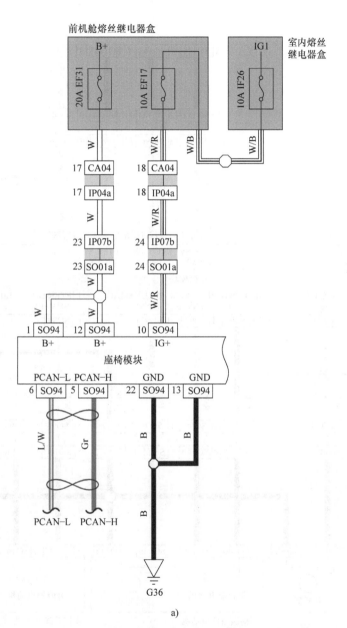

图 8-3-21 吉利帝豪 EV450 电动座椅工作电路图

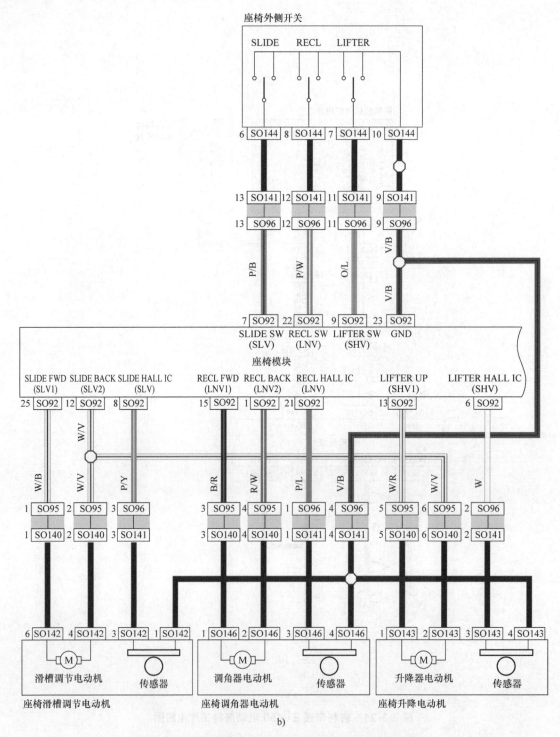

图 8-3-21 吉利帝豪 EV450 电动座椅工作电路图（续）

（2）检测电动座椅前后调节电动机

检测吉利帝豪 EV450 电动座椅前后调节电动机供电电路，如图 8-3-22 所示。操作起动开关至 ON 档，操作电动座椅前后调节开关，同时用万用表测量电动座椅前后调节电动机线束插接器 SO142 端子 4 和端子 6 之间的电压。

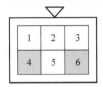

图 8-3-22　检测吉利帝豪 EV450 电动座椅前后调节电动机供电电路

（3）检测电动座椅升降调节电动机

检测吉利帝豪 EV450 电动座椅升降调节电动机供电电路，如图 8-3-23 所示。操作起动开关至 ON 状态，操作电动座椅升降调节开关，同时用万用表测量电动座椅升降调节电动机线束插接器 SO143 端子 1 和端子 2 之间的电压。

图 8-3-23　检测吉利帝豪 EV450 电动座椅升降调节电动机供电电路

（4）检测电动座椅倾角调节电动机

检测吉利帝豪 EV450 电动座椅倾角调节电动机供电电路，如图 8-3-24 所示。操作起动开关至 ON 状态，操作电动座椅倾角开关，同时用万用表测量电动座椅倾角调节电动机线束插接器 SO146 端子 1 和端子 2 之间的电压。

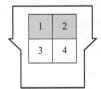

图 8-3-24　检测吉利帝豪 EV450 电动座椅倾角调节电动机供电电路

8.3.3　电动座椅开关电路检测

检测吉利帝豪 EV450 电动座椅开关工作电路，如图 8-3-25 所示。操作起动开关至 OFF 状态。断开座椅模块的线束插接器 SO92，断开电动座椅前后调节开关 SO144，使用万用表测量各端子之间的电阻。

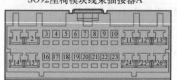

测试端子1	测试端子2	电阻标准值
SO144 (6)	SO92 (7)	标准电阻：小于1Ω
SO144 (8)	SO92 (22)	
SO144 (7)	SO92 (9)	
SO144 (10)	SO92 (23)	
SO144 (8)	车身搭铁	标准电阻：10kΩ或更高
SO144 (7)		
SO144 (10)		

图 8-3-25　检测吉利帝豪 EV450 电动座椅开关工作电路

8.4　电动座椅故障诊断分析★★★

8.4.1　电动座椅常见故障及可疑部位

电动座椅常见故障及可疑部位见表 8-4-1。

表 8-4-1　电动座椅常见故障及可疑部位

故　　障	可疑部位
所有电动座椅都不能动	电动座椅熔丝失效
	搭铁不良或搭铁线路断路
一个电动座椅不能动	该电动座椅的输入电源线路断路或接触不良
	该电动座椅的搭铁不良或线路断路
	开关失效
电动座椅不能升降	升降调节电动机的连接线路故障
	升降调节电动机故障
	开关失效
	传动装置失效
	调整不当
电动座椅不能前移或后移	前后调节电动机的连接线路故障
	前后调节电动机故障
	前后调节开关故障
	传动装置失效

8.4.2　电动座椅调节故障诊断分析

吉利帝豪 EV450 电动座椅调节工作电路如图 8-3-21 所示。电动座椅调节故障诊断流程图如图 8-4-1 所示。

项目8 电动座椅

①使用诊断仪读取故障码
操作起动开关至ON状态。
连接故障诊断仪，读取系统故障码。
确认系统是否存在故障码。

否 → 正确连接线束插接器

是 ↓

②检查蓄电池
测量蓄电池电压。确认电压是否符合标准值。
电压标准值：11~14V。

否 → 蓄电池充电或检查充电系统

是 ↓

③座椅滑槽电动机与座椅模块之间的线路
操作起动开关使电源模式至OFF状态。
断开座椅模块线束插接器SO92。
断开座椅滑槽电动机线束插接器SO142。

SO92座椅模块线束插接器A　　SO142座椅滑槽电动机线束插接器A

使用万用表根据以下表格测量各端子：

测试端子1	测试端子2	电阻标准值
SO142(1)	SO92(23)	电阻标准值：小于1Ω
SO142(3)	SO92(8)	
SO142(4)	SO92(12)	
SO142(6)	SO92(25)	
SO142(1)	车身搭铁	电阻标准值：10kΩ或更高
SO142(3)		
SO142(4)		
SO142(6)		

否 → 修理或更换线束

操作起动开关使电源模式至ON状态。使用万用表根据以下表格测量各端子：

测试端子1	测试端子2	电压标准值
SO142(1)	车身搭铁	电压标准值：11~14V
SO142(3)		
SO142(4)		
SO142(6)		

确认电压是否符合标准值。

是 ↓
转下页

接上页

④座椅倾角调节电动机与座椅模块之间的线路
操作起动开关使电源模式至OFF状态。
断开座椅模块线束插接器SO92。
断开座椅倾角调节电动机线束插接器SO146。

SO92座椅模块线束插接器A

SO146座椅倾角调节
电动机线束插接器

使用万用表根据以下表格测量各端子：

测试端子1	测试端子2	电阻标准值
SO146(1)	SO92(15)	电阻标准值：小于1Ω
SO146(2)	SO92(1)	
SO146(3)	SO92(21)	
SO146(4)	SO92(23)	
SO146(1)	车身搭铁	电阻标准值：10kΩ或更高
SO146(2)		
SO146(3)		
SO146(4)		

操作起动开关使电源模式至ON状态。
使用万用表根据以下表格测量各端子：

测试端子1	测试端子2	电压标准值
SO146(1)	车身搭铁	电压标准值：11~14V
SO146(2)		
SO146(3)		
SO146(4)		

确认电压是否符合标准值。

否 → 修理或更换线束

是

⑤座椅升降电动机与座椅模块之间的线路
操作起动开关使电源模式至OFF状态。
断开座椅模块线束插接器SO92。
断开座椅升降电动机线束插接器SO143。

SO92座椅模块线束插接器A

SO143座椅升降
电动机线束插接器

使用万用表根据以下表格测量各端子：

测试端子1	测试端子2	电阻标准值
SO143(1)	SO92(13)	电阻标准值：小于1Ω
SO143(2)	SO92(12)	
SO143(3)	SO92(6)	
SO143(4)	SO92(23)	
SO143(1)	车身搭铁	电阻标准值：10kΩ或更高
SO143(2)		
SO143(3)		
SO143(4)		

转下页

项目 8 电动座椅

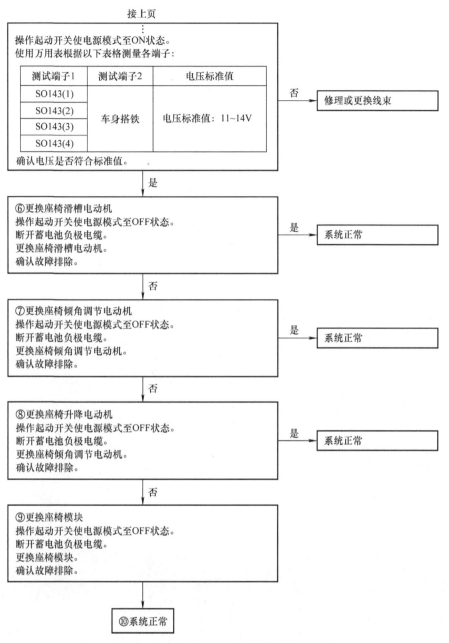

图 8-4-1 电动座椅调节故障诊断流程图

项目 9
电动后视镜、喇叭系统

【知识目标】

（1）能够理解电动后视镜的作用、组成及原理。
（2）能够理解喇叭系统的作用、组成及原理。

【技能目标】

（1）能够正确进行电动后视镜外观检查、功能检查。
（2）能够正确进行喇叭系统的音量及音质检查。
（3）能够正确进行电动后视镜镜片、调整电动机的更换操作。
（4）能够正确进行喇叭的拆装。
（5）能够正确利用万用表进行喇叭供电线路检测。
（6）能够正确使用声级计对喇叭声级进行检测。
（7）能够正确查询电动后视镜工作电路图、喇叭系统工作电路图。
（8）能够正确对电动后视镜不能调整故障进行诊断与分析，对相关线束、插接器、端子等部件引发的故障进行检修。
（9）能够正确对喇叭系统不工作故障进行诊断与分析，对相关线束、插接器、端子等部件引发的故障进行检修。
（10）作业结束后，能够正确收集、清洁和整理工具，对工位进行7S操作。

【素养目标】

（1）遵守工作场所的法律法规和政策，拥有高的安全意识。
（2）在需要的时候，协助他人并提供帮助。

（3）能够合理地分析和解决完成分配的任务时出现的问题。
（4）理解工作文件，报告书写清晰简洁。

9.1 电动后视镜、喇叭系统概述

9.1.1 电动后视镜

电动后视镜一般由镜片、驱动电动机、控制电路及操纵开关等组成。在每个后视镜镜片的背后都有两个双向电动机，可操纵其上下及左右运动，如图9-1-1所示。通常上下方向的倾斜运动由上/下调节电动机控制，左右方向倾斜运动由左/右调节电动机控制。通过改变电动机的电流方向，即可完成后视镜的位置调整。有的后视镜还具有伸缩/回位功能。

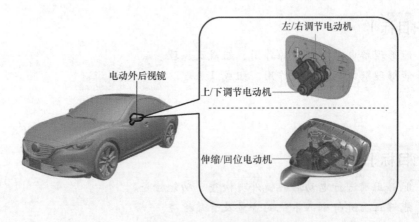

图 9-1-1 电动后视镜

后视镜加热功能是指当汽车在雨、雪、雾等天气行驶时，后视镜可以通过镶嵌于镜片后的电热丝加热使后视镜镜面上的水珠因升温蒸发会越变越小，雾气也会慢慢消失，确保镜片表面清晰。

9.1.2 喇叭系统

本小节所指的喇叭是指为汽车上的警报装置，通常播放音乐用的喇叭是指扬声器。喇叭系统的功能是在人耳敏感的1~4kHz区域内产生一个高分贝声波，以起到警示作用。

汽车喇叭系统组成结构较简单，由喇叭开关、喇叭继电器、喇叭三个部分组成。大部分乘用车有高低音两个喇叭，喇叭开关位于转向盘上方，喇叭一般安装在前机舱内，如图9-1-2所示。

喇叭的控制方式为喇叭开关控制喇叭继电器的吸合，然后由继电器向喇叭供给电源。喇叭是常搭铁的。喇叭系统控制原理如图9-1-3所示。

项目 9　电动后视镜、喇叭系统

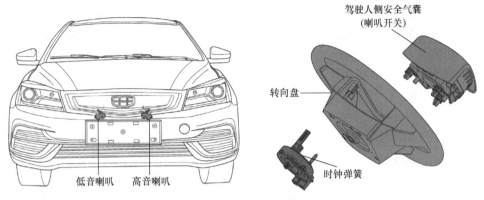

图 9-1-2　喇叭系统部件位置

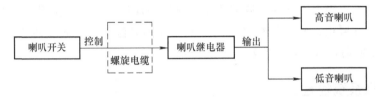

图 9-1-3　喇叭系统控制原理

9.2　电动后视镜、喇叭系统检查保养★

9.2.1　电动后视镜检查保养

（1）电动后视镜外观检查
① 目视检查后视镜镜片是否破裂，如有破裂，应及时更换。
② 目视检查电动后视镜是否脏污，如有脏污可用半干半湿的毛巾擦拭干净。
（2）电动后视镜上/下、左/右调节功能检查
打开点火开关，利用电动后视镜调节按钮调整（图 9-2-1）可调整左（L）、右（R）两个电动后视镜的位置。

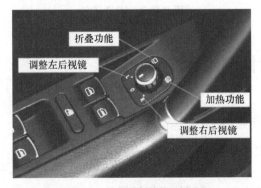

图 9-2-1　电动后视镜调节旋钮

① 调节旋钮白点旋至 L 位置，将旋钮往上抬，后视镜的视角往上变化。同理，旋钮往下压，后视镜的视角往下变化。往左，往后，同样用扳动旋钮的方法，观察左后视镜调节状况是否正常。

② 调节旋钮白点旋至 R 位置，调节右侧后视镜上/下、左/右的视角，观察右后视镜调节状况是否正常。

（3）后视镜折叠功能（如有）检查

调节旋钮白点旋至折叠功能图标位置，观察汽车后视镜折叠是否正常。

（4）电动后视镜加热（如有）功能检查

后视镜加热开关有两种设计，一种是搭配在电动后视镜调节组合开关上，如图 9-2-1（调节旋钮白点旋至加热功能图标位置，后视镜加热功能开启）；另一种是在空调控制面板上，如吉利帝豪 EV450（按下后视镜加热开关按钮，后视镜加热功能开启）。

往后视镜镜面喷洒少许水滴，调节旋钮白点旋至加热功能图标位置，检查 5min 内两个后视镜是否有热气冒出，同时后视镜镜面上的水珠因升温蒸发会越变越小，雾气也会慢慢消失，如有，说明后视镜加热（除霜）功能正常。

9.2.2 喇叭系统检查

按下喇叭开关，如图 9-2-2 所示，检查其音量、音质是否正常。转动转向盘，同时在任何位置按下喇叭开关，听喇叭的音量、音质是否都正常，同时检查音量和音调是否稳定。

当出现喇叭间断性不工作或者转向盘一侧按压喇叭开关失效等情况时，很有可能是喇叭开关触点接触不良情况，此时应该调整驾驶人侧安全气囊下方的喇叭开关触点。

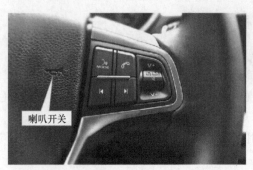

图 9-2-2　喇叭开关

9.3 电动后视镜检测维修 ★ ★

9.3.1 电动后视镜镜片更换

电动后视镜镜片的更换步骤如下：

① 断开蓄电池负极。

② 按如图 9-3-1 所示方向，拆下外后视镜镜片。

③ 断开电动后视镜两根除霜线束（图 9-3-2）。

项目 9　电动后视镜、喇叭系统

图 9-3-1　外后视镜镜片

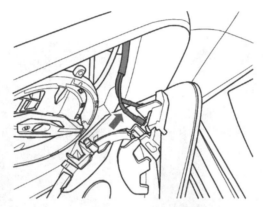

图 9-3-2　电动后视镜两根除霜线束

安装：电动后视镜片的安装可按拆卸的相反步骤进行。

9.3.2　电动后视镜调整电动机更换

① 断开蓄电池负极。
② 拆卸电动后视镜镜片。
③ 拆卸电动后视镜调整电动机一个固定螺钉（图 9-3-3）。
④ 拆下电动后视镜调整电动机。
⑤ 断开电动后视镜调整电动机线束插接器（图 9-3-4）。

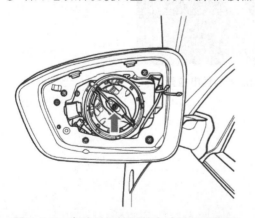 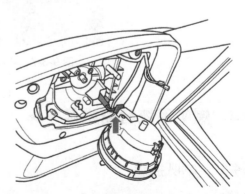

图 9-3-3　电动后视镜调整电动机固定螺钉　　图 9-3-4　电动后视镜调整电动机线束插接器

安装：电动后视镜调整电动机的安装可按与拆卸相反的步骤进行。

9.3.3 电动后视镜供电检查

拆卸电动后视镜插接器盖板，如图 9-3-5 所示。断开电动后视镜插接器，如图 9-3-6 所示。

图 9-3-5 拆卸电动后视镜插接器盖板

图 9-3-6 断开电动后视镜插接器

如图 9-3-7 所示，用试灯测头接触插接器上的供电端子，负极夹子夹在车身搭铁上，操纵后视镜调节开关调整按钮，试灯应点亮。

图 9-3-7 电动后视镜供电检查

9.4 喇叭系统检测维修★★

9.4.1 喇叭拆装

高音喇叭的拆装步骤如下：

1）打开并支撑前机舱盖。
2）断开蓄电池负极电缆。
3）拆卸前保险杠上部装饰板十个固定卡扣和两个固定螺栓（图 9-4-1）。
4）拆卸高音喇叭。断开喇叭线束插接器，拆卸喇叭一个固定螺栓，取下喇叭①（图 9-4-2）。

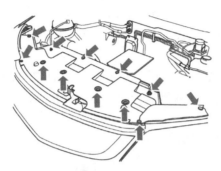

图 9-4-1 拆卸前保险杠上部装饰板

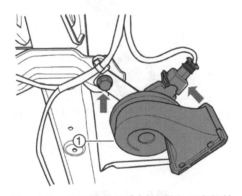

图 9-4-2 断开喇叭线束插接器和固定螺栓

安装：高音喇叭的安装可按照与拆卸相反的步骤进行。
提示：低音喇叭拆装方法与高音喇叭类似。

9.4.2 喇叭供电线路检测

吉利帝豪 EV450 喇叭供电线路检测。操作起动开关至 OFF 状态。断开左/右喇叭线束插接器 CA33/CA34（图 9-4-3）。按下喇叭开关，同时用万用表测量左/右喇叭线束插接器 CA33/CA34 端子 1 与端子 2 之间的电压，电压应在 11~14V。松开喇叭开关，同时用万用表测量左/右喇叭线束插接器 CA33/CA34 端子 1 与端子 2 之间的电压，正常电压为 0。

端子号	端子定义
1	电源信号
2	搭铁

图 9-4-3 吉利帝豪 EV450 CA33/CA34 左/右喇叭线束插接器及端子定义

9.4.3 喇叭声级检测

为了使汽车喇叭起到警示功能,喇叭声级不能过低,但同时为减少喇叭噪声对城市环境的影响,喇叭声级应作适当控制。使用声级计(图 9-4-4)检测喇叭声级(分贝),检测步骤如下:

① 打开声级计电源开关,仪器开始工作时显示数字。
② 将声级计的计权网络开关置于 A 计权位置、"快"档。
③ 调整好声级计的量程。
④ 将声级计话筒放到距被检汽车正前方 2m、离地面高 1.2m 的位置上。
⑤ 一人按下喇叭开关,另一人读取声级计显示屏指示值,检查喇叭声级是否在正常范围内。
⑥ 将声级计电源开关置于"关"。

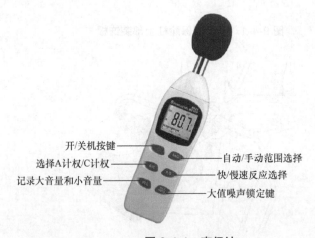

图 9-4-4　声级计

9.5　电动后视镜不能调整故障诊断分析 ★★★

9.5.1　电动后视镜常见故障及可疑部位

电动后视镜常见故障及可疑部位见表 9-5-1。

表 9-5-1　电动后视镜常见故障及可疑部位

故障	可疑部位
左右两个电动后视镜均不工作	熔丝熔断、搭铁不良、后视镜开关损坏、电动机损坏等
一侧电动后视镜不工作	搭铁不良、后视镜开关损坏,电动机损坏等
一侧电动后视镜上下方向不能调节	搭铁不良、上下调整电动机损坏等
一侧电动后视镜左右方向不能调节	搭铁不良、左右调节电动机损坏等

9.5.2 电动后视镜不工作故障诊断分析

电动后视镜工作电路简图如图 9-5-1 所示。

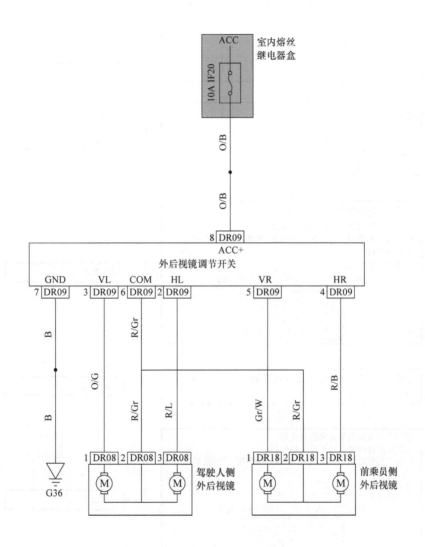

图 9-5-1　电动后视镜工作电路简图

电动后视镜不工作故障诊断步骤如图 9-5-2 所示。

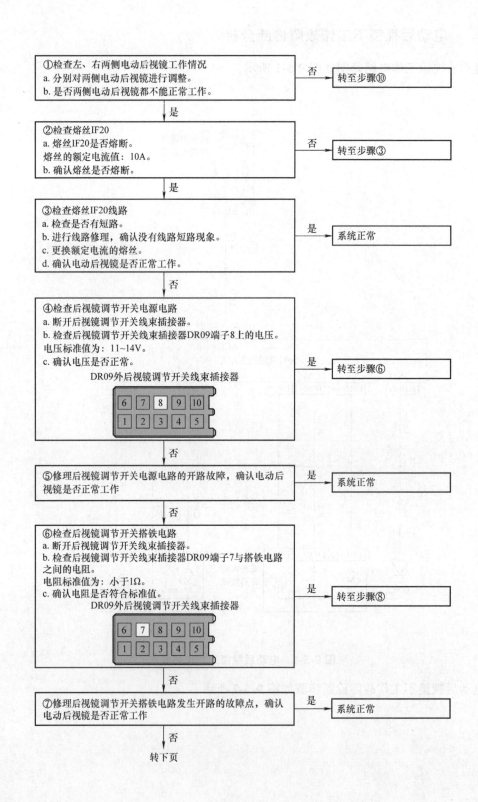

项目 9 电动后视镜、喇叭系统

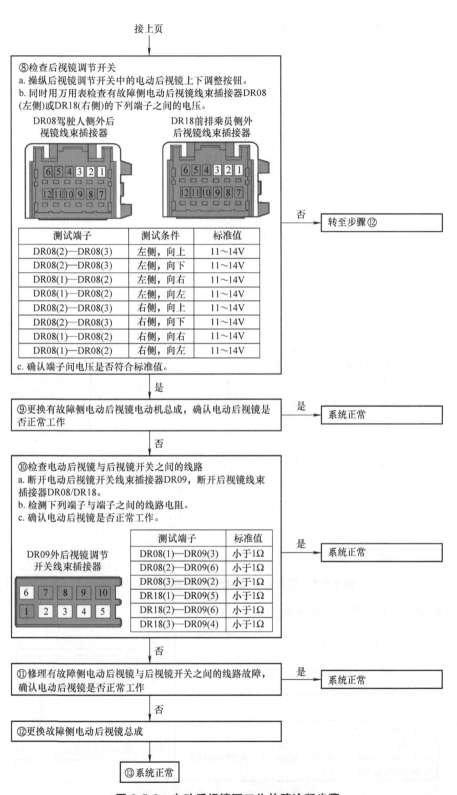

图 9-5-2 电动后视镜不工作故障诊断步骤

9.6 喇叭系统不工作故障诊断分析★★★

喇叭系统工作电路图如图 9-6-1 所示。

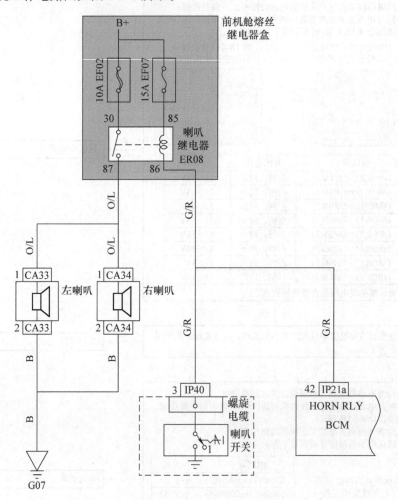

图 9-6-1　吉利帝豪 EV450 喇叭系统工作电路图

喇叭系统不工作故障诊断步骤如图 9-6-2 所示。

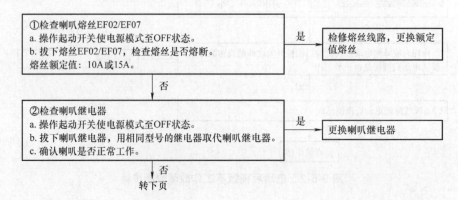

项目 9 电动后视镜、喇叭系统

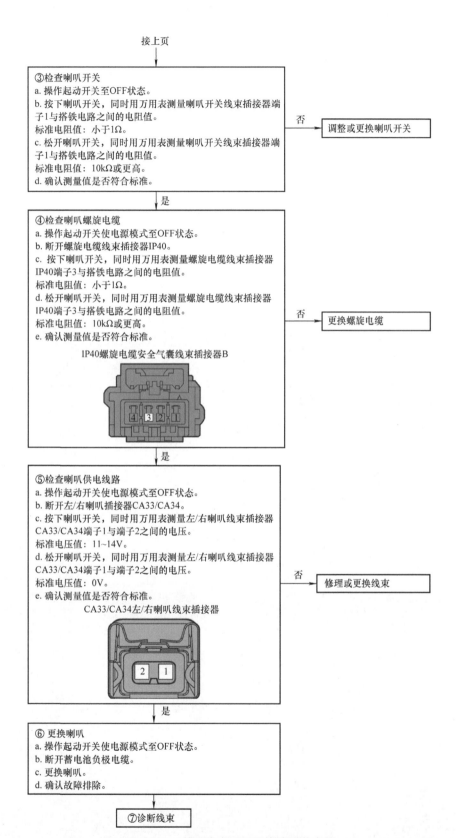

图 9-6-2 喇叭系统不工作故障诊断步骤

项目 10

中控门锁系统

【知识目标】

（1）能够理解中控门锁系统的作用、组成及控制原理。
（2）能够理解门锁组成原理、门锁开关功能、门锁上锁/解锁原理。

【技能目标】

（1）能够正确进行中控门锁各功能操作及检查。
（2）能够正确进行车门铰链清洁、润滑。
（3）能够正确进行左前门锁总成、后门锁块、中控门锁按钮更换操作。
（4）能够正确进行中控门锁系统控制模块（BCM）供电电路检测。
（5）能够正确对智能钥匙遥控功能失效故障进行诊断与分析。
（6）能够正确查询中控门锁工作电路图。
（7）能够正确对全车中控门锁不工作故障进行诊断与分析。
（8）作业结束后，能够正确收集、清洁和整理工具，对工位进行7S操作。

【素养目标】

（1）遵守工作场所的法律法规和政策，拥有高的安全意识。
（2）在需要的时候，协助他人并提供帮助。
（3）能够合理地分析和解决完成分配的任务时出现的问题。
（4）理解工作文件，报告书写清晰简洁。

10.1 中控门锁系统概述

中控门锁系统是中央控制门锁系统的简称。中控门锁系统是通过中央门锁开关和钥匙的操作控制电动机，同时控制所有车门关闭与开启的装置，其作用是增加汽车使用的方便性和安全性。中控门锁系统如图 10-1-1 所示，电气原理示意图如图 10-1-2 所示。

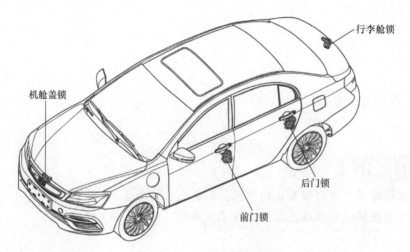

图 10-1-1　中控门锁系统

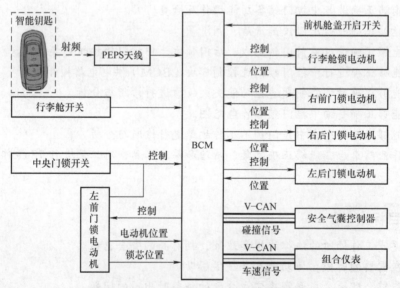

图 10-1-2　中控门锁系统电气原理示意图

（1）门锁组成原理

门锁主要由电动机、钥匙操作开关等组成，如图 10-1-3 所示。

电动机：利用电动机的正转和反转实现上锁和解锁动作。

钥匙操作开关：反映车门开闭情况。

项目 10　中控门锁系统

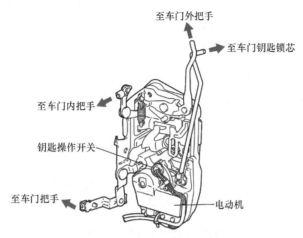

图 10-1-3　门锁组成

（2）门锁开关

中控门锁系统设有两个门锁开关，如图 10-1-4 所示。一个设置在左前门锁内，另一个位于左前门中控开关内。两个门锁开关的上锁信号共同输入到 BCM 同一个输入端子，但解锁信号是分别输入的。驾驶人侧车门钥匙锁芯只能单独解锁车门，但可以锁止所有车门。

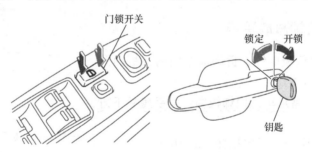

图 10-1-4　门锁开关与钥匙开关

（3）门锁上锁/解锁原理

1）上锁原理。当 BCM 接收到开关上锁输入信号或者满足自动落锁条件时，从 BCM 的上锁输出端输出电源，控制五个车门的门锁电动机执行上锁操作。

2）解锁原理。当 BCM 接收到开关解锁输入信号或者满足自动解锁条件时，从 BCM 的解锁输出端输出电源，控制四个车门外加行李舱盖的门锁电动机执行解锁操作。行李舱盖（背门）可通过操作背门开关并通过无钥匙进入模块与 BCM 信号控制，以进行单独开启。

10.2　中控门锁功能检查★

吉利帝豪 EV450 中控门锁功能及操作见表 10-2-1，按照表中操作进行中控门锁功能检查。

表 10-2-1　吉利帝豪 EV450 中控门锁功能及操作

钥匙开锁/闭锁功能	驾驶人侧车门钥匙转到开锁位置，四门锁打开 驾驶人侧车门钥匙转到闭锁位置，四门锁闭锁 车内中控门锁开关（驾驶人侧门板上）：开锁动作，四门锁打开；遥控钥匙双锁解除闭锁动作，四门锁闭锁 行李舱盖可以被遥控器开启或开关开启。在车速达到 5km/h 以上行李舱盖（背门）开启功能禁止
自动落锁功能	电源模式置于 ON 状态，车速连续 3s 以上大于 10km/h 后，四门锁会自动闭锁 背门将在关闭 1.5s 后，自动落锁 遥控器解锁 15s 后，四门、背门盖任一未被打开，车门会自动重锁。内灯关闭，系统进入布警状态
自动解锁功能	在门锁上锁状态，电源模式置于 OFF 状态时，四门自动开锁。电源模式在任何状态下，按下背门遥控解锁按键超过 2.0s，背门锁解锁
中央门锁控制功能	将起动开关转至 OFF 状态，按压一次遥控器上的解锁键，四门解锁，转向灯闪烁三次确认，内灯渐亮，位置灯点亮。电源模式置于 OFF 状态，按下遥控器上的闭锁键一次，车辆锁四门，转向灯闪烁确认，内灯渐灭，位置灯熄灭 按下车内闭锁键，车辆四门锁闭锁。电源模式不在 ON 状态或在 ON 状态且车速小于 15km/h 时，如果中央门控开关按至解锁位置，则 BCM 驱动四门解锁。当车速大于 15km/h 时，中控解锁命令被禁止 电源模式置于 ON 状态时，除了解除报警操作和后背门解锁以外的任何遥控命令都不会被执行

10.3　中控门锁系统检测维修 ★★

10.3.1　左前门锁总成更换

1）断开蓄电池负极电缆，拆卸前车门内饰板内开启拉手面板（图 10-3-1）。

注意：拆卸时，需从车门内饰板内饰把手盖板下方缺口处撬开盖板。

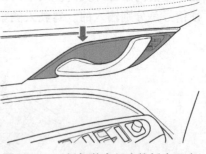

图 10-3-1　拆卸前车门内饰板内开启拉手面板

2）断开左前门两个外开启拉杆（图 10-3-2）。

3）拆卸左前门锁总成三个固定螺栓（图 10-3-3）。

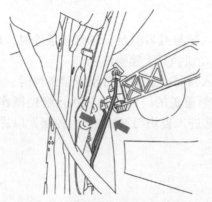

图 10-3-2　断开左前门外开启拉杆

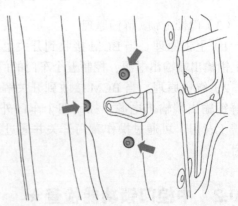

图 10-3-3　拆卸左前门锁总成固定螺栓

4）断开左前门锁总成线束插接器（图 10-3-4），取下左前门锁总成。

项目10 中控门锁系统

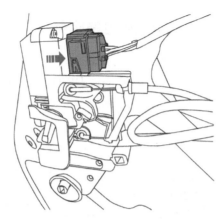

图 10-3-4　断开左前门锁总成线束插接器

10.3.2　后门锁块更换

1）断开蓄电池负极电缆，拆卸前车门内饰板内开启拉手面板。
2）断开后门锁块联动杆卡扣（图 10-3-5）。
3）拆卸左后门锁块三个固定螺栓（图 10-3-6）。
4）断开左后门锁块线束插接器（图 10-3-7），取下左后门锁块。

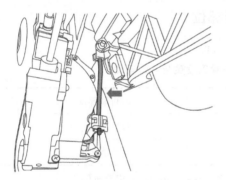 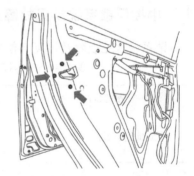

图 10-3-5　断开后门锁块联动杆卡扣　　　图 10-3-6　拆卸左后门锁块固定螺栓

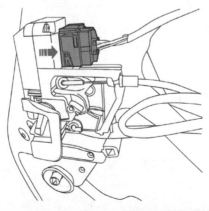

图 10-3-7　断开左后门锁块线束插接器

10.3.3 中控门锁系统控制模块供电电路检查

检测吉利帝豪 EV450 中控门锁系统控制模块供电电路。操作起动开关使电源模式至 OFF 状态,断开驾驶人侧门锁电动机线束插接器 DR03a(图 10-3-8),操作遥控钥匙连续开/关门锁,同时用万用表测量左前门锁线束插接器 DR03a 的端子 3 与端子 4 之间的电压。电压在 11~14V 为正常。

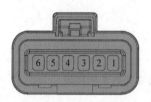

端子号	端子定义
1	中控解锁状态信号
2	锁芯位置锁止状态
3	中控锁电动机(锁止)
4	中控锁电动机(解锁)
5	公共端搭铁
6	锁芯位置解锁状态

图 10-3-8　DR03a 驾驶人侧门锁电动机线束插接器及端子定义

10.4 中控门锁系统故障诊断分析★★★

10.4.1 中控门锁系统常见故障及可疑部位

中控门锁系统常见故障及可疑部位见表 10-4-1。

表 10-4-1　中控门锁系统常见故障及可疑部位

故障症状	可疑部位
智能钥匙遥控功能失效	智能钥匙电池
	智能钥匙
中控锁开关功能失效	中控锁开关
	线束或插接器
	BCM
所有中控锁不能锁/开车门	蓄电池
	熔丝
	线束或插接器
	BCM
	中控锁
行李舱盖不能开启	行李舱盖开启开关
	线束或插接器

（续）

故障症状	可疑部位
行李舱盖不能开启	行李舱锁
	BCM
车门行驶自动上锁功能失效	BCM
	线束或插接器
	组合仪表
一侧门锁不能锁/开车门	BCM
	线束或插接器
	中控锁

10.4.2 智能钥匙遥控功能失效故障诊断分析

智能钥匙遥控功能失效故障诊断步骤如图 10-4-1 所示。

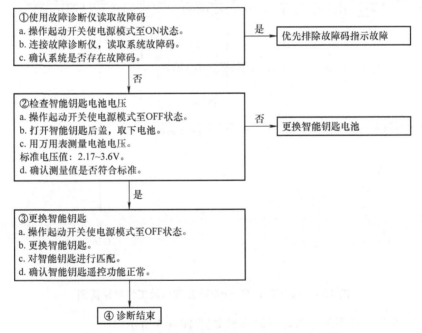

图 10-4-1 智能钥匙遥控功能失效故障诊断步骤

10.4.3 全车中控门锁不工作故障诊断分析

注意：本小节以左前门锁不工作为例进行故障诊断，其他门锁诊断方法类似。

吉利帝豪 EV450 左前门锁工作电路简图如图 10-4-2 所示。

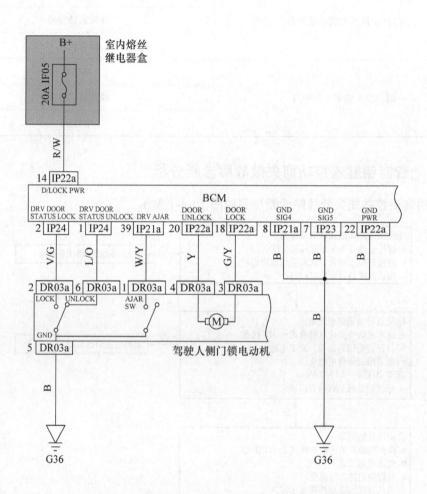

图 10-4-2 吉利帝豪 EV450 左前门锁工作电路简图

中控系统左前门锁不工作故障诊断步骤如图 10-4-3 所示。

项目10 中控门锁系统

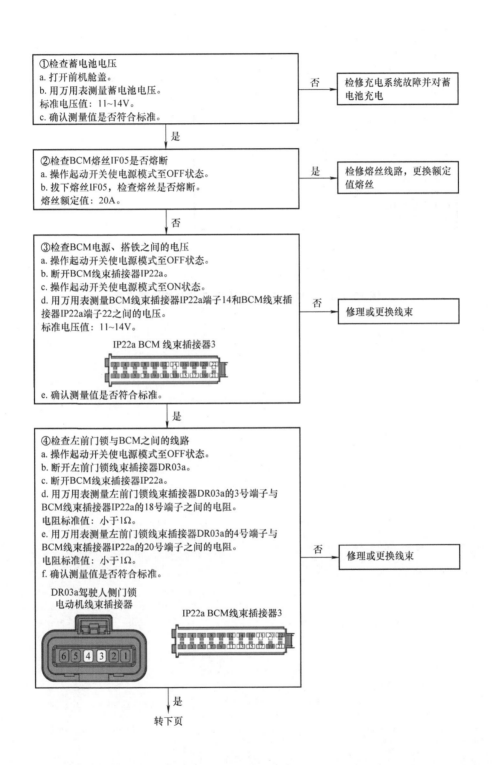

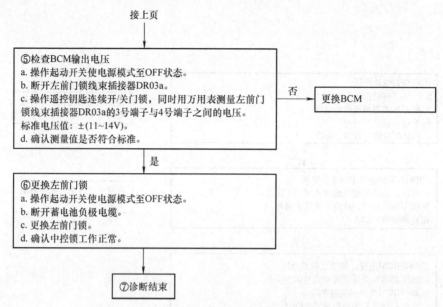

图 10-4-3　中控系统左前门锁不工作故障诊断步骤

参 考 文 献

[1] 徐继勇. 新能源汽车空调检测与维修 [M]. 北京：中国劳动社会保障出版社，2020.
[2] 杨光明，张仕奇，刘仍贵. 新能源汽车结构与原理（彩色版）[M]. 北京：化学工业出版社，2019.
[3] 蔡泽光，刘猛洪，张文光，等. 新能源汽车电池及管理系统检修 [M]. 北京：机械工业出版社，2021.